山西省高等学校哲学社会科学研究项目资助（编号：2015329）

山西省企业主导产业技术研发创新的公共服务平台构建研究

王文寅　杨　风　著

科学技术文献出版社
SCIENTIFIC AND TECHNICAL DOCUMENTATION PRESS
·北京·

图书在版编目（CIP）数据

山西省企业主导产业技术研发创新的公共服务平台构建研究 / 王文寅，杨风著. —北京：科学技术文献出版社，2017.12

ISBN 978-7-5189-3490-4

Ⅰ.①山…　Ⅱ.①王…　②杨…　Ⅲ.①企业创新—企业发展—研究—山西　Ⅳ.① F279.272.5

中国版本图书馆 CIP 数据核字（2017）第 262168 号

山西省企业主导产业技术研发创新的公共服务平台构建研究

策划编辑：孙江莉　责任编辑：孙江莉　马新娟　责任校对：张吲哚　责任出版：张志平

出　版　者	科学技术文献出版社	
地　　　址	北京市复兴路15号　　邮编 100038	
编　务　部	(010) 58882938，58882087（传真）	
发　行　部	(010) 58882868，58882874（传真）	
邮　购　部	(010) 58882873	
官方网址	www.stdp.com.cn	
发　行　者	科学技术文献出版社发行　全国各地新华书店经销	
印　刷　者	虎彩印艺股份有限公司	
版　　　次	2017 年 12 月第 1 版　2017 年 12 月第 1 次印刷	
开　　　本	710×1000　1/16	
字　　　数	150 千	
印　　　张	9.25	
书　　　号	ISBN 978-7-5189-3490-4	
定　　　价	48.00元	

目　录

理论篇

第一章　企业主导产业技术研发创新公共服务平台的构成与特征

研发篇

第二章　山西省研发总体分析

平台篇

对策篇

绪　论

一、研究背景和意义

党中央和国务院十分重视企业技术研发和创新，2012 年 9 月，中共中央、国务院在《关于深化科技体制改革加快国家创新体系建设的意见》中指出，要建立企业主导产业技术研发创新的体制机制，加快建立企业为主体、市场为导向、产学研用紧密结合的技术创新体系。国务院在 2013 年发布了《关于强化企业技术创新主体地位全面提升企业创新能力的意见》（以下简称《意见》），《意见》指出要进一步完善引导企业加大技术创新投入的机制，鼓励和引导研发投入以企业为主，支持企业建立研发机构和推进重大科技成果产业化，完善面向企业的技术创新服务平台等政策。

山西省为贯彻落实中央关于科技创新的重大战略部署，2011 年制定了《山西省企业技术创新"十二五"发展规划》，明确提出了企业技术创新的指导思想、总体目标、技术创新的重点和主要措施等内容。2013 年山西省委省政府颁布了《关于深化科技体制改革加快创新体系建设的实施意见》，2014 年，山西省政府还印发了《国家创新驱动发展战略山西行动计划》，这标志着山西省创新驱动战略步入了新的实施阶段。

近年来，山西省企业在省委省政府有关科技创新的战略部署和具体规划指导下，在全省企业技术创新工作者的共同努力下，产业技术创新有了长足的发展，整体科技实力和科技竞争力稳步提升。但是，山西省自主创新能力还不够强，企业技术创新主体地位没有真正确立，产学研结合不够紧密，科技与经济结合问题没有从根本上解决，原创性科技成果较少，关键技术自给率较低，等等。究其原因，是企业财力有限，但更主要的原因在于制度机制和政策体系不完善，包括面向企业技术创新的公共服务平台不完善。

目前，山西省企业进行产业技术研发创新还存在动力不足、条件不足的问题。例如，2013 年全省投入 R&D 经费 155 亿元（其中，企业 R&D 经费 127.8 亿元），投入强度为 1.23%，在全国处于中位偏下位置。就企业科技投入而言，不少省属国有企业研究开发投入占同年主营业务收入的比例低于 1%。其他指标如 R&D 人员投入量、设备自动化程度、新产品效益、专利拥有量等，大体上也位于"中部中位，全国偏下"。就公共服务体系而言，由于缺乏一个较为完善的联合与互补的协调机制，区域内各类技术创新服务系统之间实现协同服务不够顺畅，全社会的技术创新资源未能得到较好的整合。这些都严重制约了山西省科技和经济的发展步伐。

面向企业技术创新的公共服务平台，是区域创新系统的重要组成部分。技术创新离不开政策的保障，技术创新的公共服务平台是企业技术创新工作的重要推动器，是引导企业加大技术创新投入的指南，是技术创新工作顺利有效实施的重要保证，对技术创新工作具有引导性、前瞻性和制度性。因此，为了引导山西省企业加大技术创新投入的力度，建立能够满足技术创新需要的公共服务平台至关重要。

本书研究的目的在于，有力地促进山西省建立健全面向企业技术创新的支持系统和保障机制，这对于提高山西省企业创新能力和提升全省科技创新水平具有全局和长期的影响。

二、文献综述

（一）国外研究现状综述

1. 内生经济增长理论

对于 R&D 的研究源于 20 世纪 80 年代兴起的"内生经济增长理论"，由 Romer 和 Lucas 提出，其打破了原有研究的许多假设，将科学发展与技术进步作为内生变量引入生产函数，并建立了收益递增和溢出的经济增长模型。Romer 将"知识"纳入"技术经济"的概念之中，将其作为经济增长的内生变量，认为知识是推动经济增长的核心要素之一，提出了"资本、劳动、人力和新思想"为一体的四要素增长理论，并将建立起的模型引入 R&D 的相关研究中。

1998 年，C I Jones、J C Williams 在 Romer 和 Lucas 的内生经济增长理论基础上，对 R&D 效率进行了更深入的分析。他们经过研究发现，过高或过低的投入都会对 R&D 效率产生负面影响，并提出了决定投入的影响因素。

但是他们的研究依赖于对 R&D 收益率的实证计量, 在实际操作中实施起来比较困难[1]。他们在两年后的研究中, 又利用新经济增长模型, 通过分析 R&D 投入和全要素生产率之间的关系, 由此对 R&D 投资回报率进行了度量[2]。

1999 年, T Bayoumi、D T Coe、E Helpman 将内生经济增长模型首次运用到国际基金组织的经济模型做实证研究, 他们将发达国家和发展中国家的 R&D 支出与贸易变化做了详细对比, 揭示出贸易与参考的 7 个国家和 5 个地区的全要素生产力、资本、产出和消费水平方面的关系, 提出了 "增加 R&D 投入可以使得地区内部经济的产出水平显著提高" 的结论[3]。

2. 国外学者基于国家层面的 R&D 研究

J Bentzen、V Smith 以丹麦在 1995—1997 年经济高速增长时期的数据为样本, 运用柯布 - 道格拉斯模型进行了实证研究, 发现在这一时期丹麦的制造业公司累积的 R&D 经费支出所获得的收益效应在短期并不显著, 并且所有制结构与创新特性等对公司研发效率并没有显著的影响[4]。

M G Kocher、M Luptacik 和 M Sutter 以 21 个 OECD 国家为样本进行数据采集, 运用 DEA 效率评价模型对其 R&D 效率进行对比分析和评价。通过数据研究发现, R&D 效率最高的是美国, 除了爱尔兰、新西兰和美国以外的其他国家均需要改善研发效率[5]。

Hak - Yeon Lee 和 Yong - Tae Park 对亚洲国家的 R&D 活动进行了研究, 经过 R&D 效率的对比分析发现, 新加坡的 R&D 活动水平最好, 日本在专利产出上表现比较突出, 而相较下的中国和韩国的 R&D 效率不高, 还有很大的提升空间[6]。

W Nasierowski、F J Arcelus 对 45 个国家的 R&D 投入、产出效率用两阶段 DEA 分析方法进行了研究, 结果显示, 资源配置和研发规模是影响研发效率的主要因素[7]。

Eric C Wang 采用跨国生产模型评价 R&D 的相对效率, 他认为, 一味地增加研发资源的投入量并不是唯一可以解决 R&D 效率低下这一问题的途径, 优化资源管理可以更加有效地提高 R&D 效率, 减少稀缺资源的浪费[8]。

Eric C Wang、Weichiao Huang 将生产函数模型和 DEA 效率模型相结合, 对 30 个国家进行实证分析, 结果发现在样本中仅有不足 1/2 的国家能够达到技术有效, 大多数国家的 R&D 活动处于规模递减状态, 研究中他们发现将科技论文作为评判一个国家研发效率高低的指标比专利有着更高的说服力[9]。

3. 国外学者基于行业层面的 R&D 研究

Chen Chin – Tai、Chen – Fu Chien、Ming – Han Lin 和 Jung – Te Wang 对中国台湾新竹科技园中的 31 家计算机和通信设备公司的研发效率进行了研究[10]。A Zhang、Y Zhang、R Zhao 对中国的 33 个行业的 8341 家大中型企业的研发效率进行了大量的研究[11]。B A Billings、A Yaprak 将美国和日本的 14 个工业行业的研发效率进行了对比分析,结果显示,两个国家不同行业的研发效率各有千秋[12]。Wang Jiann – Chyun 和 Kuen – Hung Tsai 基于柯布 – 道格拉斯模型对 83 家台湾大型电子行业企业的 1994—2001 年研发经费支出进行了实证分析,结果输出 R&D 平均效率在 22% 左右。台湾的 R&D 收益率与美英接近,但是低于日本[13]。

国外学者对于"研发"这一概念相关的研究起源于"内生经济增长理论",历史研究大多数集中在国家和行业层面,并且多是关注于研发效率的比较,在方法的选取上,国外学者们采用的评价模型和分析方法都有所不一,由于国外研究起步较早,这些研究成果为国内学者的研究打下了坚实的基础。

(二) 国内研究现状综述

从分类角度来看,国内学者关于 R&D 的研究,主要包括了国家层面上的 R&D 效率研究、行业层面的 R&D 效率研究、区域层面 R&D 效率研究。

1. 国内学者基于国家层面的 R&D 效率研究

张叶峰、王文寅采用时间序列动态均衡关系分析方法,利用 1989—2009 年我国 R&D 投入与经济增长的数据,对 R&D 投入与经济增长的关系进行实证分析。结果表明,我国 R&D 投入与经济增长之间存在某种均衡关系,且 R&D 投入促进了经济增长,而经济增长对 R&D 投入的拉动作用则不显著[14]。

王海峰、罗亚飞、范小阳运用超效率 DEA 分析方法,对 2005 年不同国家的研发效率进行比较评价,结果表明,我国研发总体效率不高,尤其是专利产出水平,要想提高我国的研发效率,技术进步是关键因素[15]。

欧阳峣、陈琦运用数据包络分析方法,将"金砖国家"的研发效率同美国等发达国家进行了对比分析,结果表明,"金砖国家"的政府研发投入效率和专利产出效率要远低于发达国家[16]。

崔维军、王进山、陈凤、周彩虹基于 2013 年欧盟产业研发投入报告数据,以排名前 50 强企业为研究对象,将中国的企业研发投入同日本、韩国、美国、英国、法国和德国作对比分析,结果显示,中国企业研发投入的增长率相对较高,但是相应的研发投入、强度、集中度以及研发效率上同发达国家有较大的差距[17]。

通过分析国内学者对国家层面的 R&D 效率的研究,发现国内学者的分析结果与国外学者的观点基本一致,即发达国家的 R&D 效率都相对较高,而发展中国家的 R&D 效率与之相差甚远,我国虽然 R&D 投入的增长率比较高,但是整体的研发效率较为低下。

2. 国内学者基于行业层面的 R&D 效率研究

郑山水基于 1995—2009 年我国高技术产业的 21 个行业细分数据进行研发效率评估,发现我国通信业和电子计算机业的纯技术效率较低,但是综合效率还是较高的;就同一行业而言,企业规模对综合效率产生积极影响,企业数量对规模效率和纯技术效率产生消极影响[18]。

谢子远以医药制造业为例,运用超效率 DEA 模型探索了高技术产业区域集群水平和研发效率之间的关系,发现两者呈现"倒 U 型关系"[19]。

张鸿、汪玉磊基于两阶段视角,运用 DEA 分析方法对陕西省高技术产业不同行业技术研发效率与研发成果转化效率进行研究,并利用面板 Tobit 模型对影响研发效率的因素做了进一步实证分析。结果表明,陕西省的高技术产业中成果转化率微高于技术的研发效率,产业绩效、市场化程度对研发效率有显著性影响;产业绩效、技术消化吸收能力对成果转化率有显著性影响[20]。

国内学者基于行业层面的 R&D 研究多集中在高技术产业范畴内,可以看出我国需要不断优化产业结构与资源配置,在鼓励创业的同时,注重提高各个行业内企业的质量,企业绝对数量的增加,并不能从根本上提高企业整体的研发效率。

3. 国内学者基于区域层面的 R&D 效率研究

谢有才、张红辉对浙江省各地区的研发效率进行测量,发现区域研发效率与研发投入强度不具有显著的相关性,而研发产出强度对研发效率则产生明显的积极影响。另外,杭州、宁波绍兴和温州是经济较发达地区,其研发效率较高,而舟山、丽水、金华等经济较不发达地区的研发效率较低[21]。

岳书敬以1998—2005年省级区域的面板数据为基础，采用随机前沿函数模型对我国省域研发效率差异进行了对比研究，得出"东部沿海地区的研发效率较高，而西部地区的研发效率较低，但东、中、西部三大区域在逐年缩小研发效率上的差距"这一结论[22]。

刘和东以1998—2008年我国30个省（自治区、直辖市）研发投入产出数据为基础，采用随机前沿函数测度各区域的研发效率，依据探究出的影响因素提出有能够效提升各区域研发效率的可行性措施[23]。

张明火、何郁冰采用DEA分析方法，对我国"十一五"期间的R&D效率进行了对比分析，发现我国地方R&D整体效率波动较大，区域效率呈现出"东高中低"的分化格局，投入严重冗余和产出严重不足制约了我国R&D整体效率的提高[24]。

王文寅、刘砚馨针对我国31个省（自治区、直辖市）规模以上工业企业，在传统DEA分析方法上，考虑研发活动具有阶段性特征，将其分为研发和研发成果转化两个阶段，采用两阶段网络DEA模型对其统计数据进行测算[25]。

此外，还有许多作者是在"科技""科技创新"名义下对"研发"进行研究的[26-27]，这里不再赘述。

通过对国内学者基于区域层面的R&D效率分析，发现他们的研究结果也存在一定的一致性，经济发达的地区研发效率较高，经济不发达的地区研发效率较低，这是我国目前面临的重要问题。我国需要重点缩小地区间研发效率的差异，并集体向前迈步。因此，研究我国次发达地区如何提高区域研发效率具有重大的意义。

三、研究思路、框架与方法

本书针对山西省实际，在分析现状和问题的基础上，研究企业主导产业技术研发创新的基本原理、实现路径、体制机制，结合国内外相关实践的经验，提出企业主导产业技术研发创新的保障机制和对策建议。在技术创新公共服务平台上，政府具有无可替代的重要作用，各级政府要鼓励和引导企业加大研发投入，大力培育创新型企业，充分发挥其对技术创新的示范引领作用。政府在政策制定方面需充分调动全省各技术创新单位的积极性和创造性，发挥全省技术、人才、资源等方面的优势，使各种技术资源能积极主动地投入到企业技术创新领域。同时，企业要认真落实国家有关鼓励企业技术创新体系的政策法规，制定相关规章制度，努力加大技术创新的投入力度，着力构建以企业为主体、市场为导向、产学研相结合的技术创新体系。

在研究方法上，采取归纳和演绎相结合及定性定量相结合的方法，突出问题导向、创新导向、对策导向。在现状分析上使用调研和归纳方法，在问题分析上结合实证分析方法，在机制设计上适当引入模型分析方法，在可行性研究上可使用验证方法。

研究框架如图 0.1 所示。

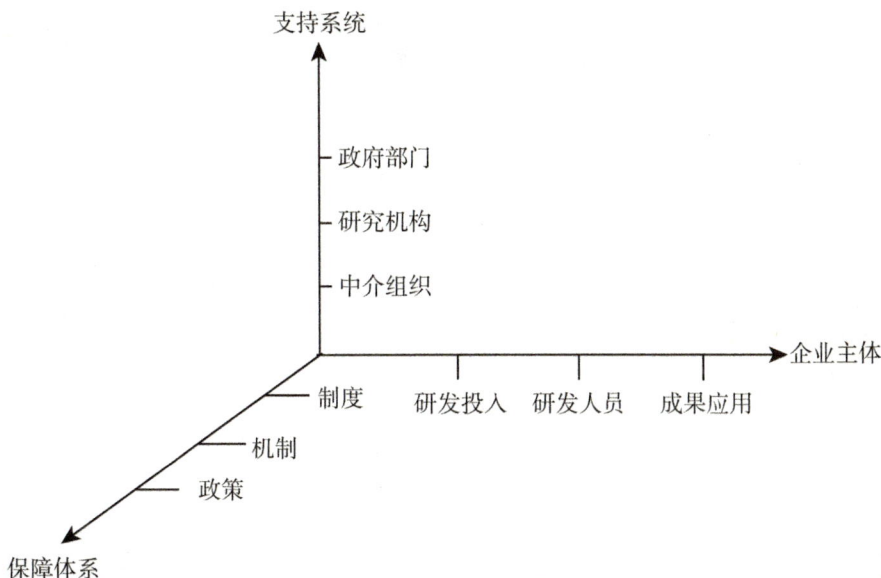

图 0.1　研究框架

四、研究目标

本书将结合山西省实际，研究如何构建一个由政府、企业、银行、科研院所和社会组织等多层次主体构成，通过优化配置政策、资金、人才和信息等要素和资源，为企业营造技术创新软环境、搭建公共服务平台、提升企业技术创新能力的技术创新服务综合系统。

服务平台的结构框架如图 0.2 所示。

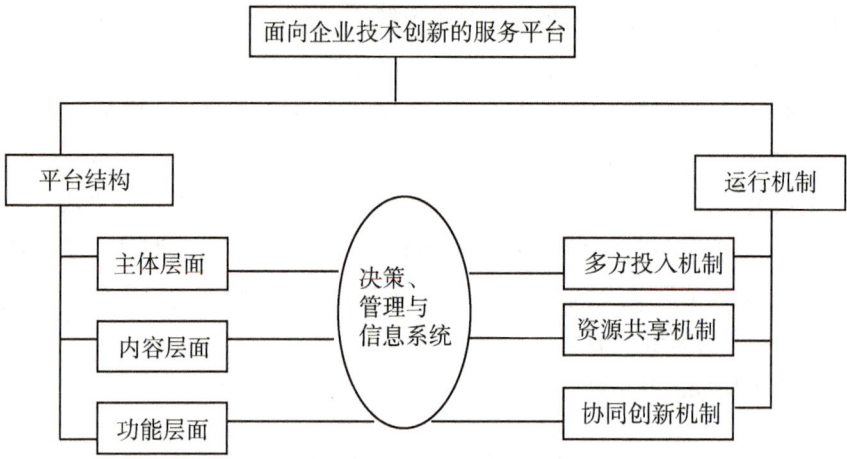

图0.2　服务平台研究的结构框架

理 论 篇

第一章 企业主导产业技术研发创新公共服务平台的构成与特征

一、研发活动[28]

(一) 科学技术活动

科学技术活动（以下简称"科技活动"）科技活动是指所有与各科学技术领域中科技知识的产生、发展、传播和应用密切相关的系统的活动。科技活动分为三大类：①研究与发展（R&D）；②科技教育与培训；③科技服务。R&D 是科技活动的核心，科技教育与培训以及科技服务是与 R&D 密切相关的活动。R&D 是为了增进知识以及利用知识创造新的应用而进行的系统的、创造性的工作；科技教育与培训是培养具有专门科技知识和技能的人才；科技服务是指有助于科技知识的产生、传播和应用的活动。

从科技统计的实施情况看，目前主要只对科技活动中的 R&D 活动进行统计。由于 R&D 统计不能完全满足科技管理与决策的需要，有些国家根据本国的需求对 R&D 之外的部分科技活动也进行了统计。我国的科技统计采用了国际标准，并结合我国实际情况，初步形成了一套科技统计指标。在我国，进入科技统计的科技活动有 3 类：①R&D；②R&D 成果应用；③科技服务。其中，R&D 成果应用是根据我国具体情况增加的内容。

(二) 研究与发展（R&D）活动

1. 研发活动的含义

研究与发展是指为增加知识的总量（其中包括增加人类、文化和社会方面的知识），以及运用这些知识去创造新的应用而进行的系统的、创造性的工作。

R&D 活动具有阶段性特征，在不同的活动阶段具有不同的特点，基于活动的阶段性，可以分为基础研究、应用研究、试验发展，基础研究和应用研究统称为科学研究。

2. 基础研究

基础研究是指为获得关于现象和可观察事实的基本原理的新知识而进行的实验性和理论性工作，它不以任何专门或特定的应用或使用为目的。

3. 应用研究

应用研究是指为获得新知识而进行的创造性的研究，它主要是针对某一特定的实际目的或目标。应用研究的特点包括以下几方面。①具有特定的实际目的或应用目标，具体表现为：为了确定基础研究成果可能的用途，或是为达到预定的目标探索应采取的新方法（原理性）或新途径；②在围绕特定目的或目标进行研究的过程中获取新的知识，为解决实际问题提供科学依据；③研究结果一般只影响科学技术的有限范围，并具有专门的性质，针对具体的领域、问题或情况，其成果形式以科学论文、专著、原理性模型或发明专利为主。一般可以这样说，所谓应用研究，就是将理论发展成为实际应用的形式。

4. 试验发展

试验发展是指利用从基础研究、应用研究和实际经验所获得的现有知识，为产生新的产品、材料和装置，建立新的工艺、系统和服务，以及对已产生和建立的上述各项作实质性的改进而进行的系统性工作。

试验发展的特点是：①运用基础研究、应用研究的知识或根据实际经验；②以开辟新的应用为目的，具体地说，就是为了提供新材料、新产品和装置、新工艺、新系统和新的服务，或对已有的上述各项进行实质性的改进；③其成果形式主要是专利、专有知识、具有新产品基本特征的产品原型或具有新装置基本特征的原始样机等。

一般来说，工业领域中引进技术的适应性改进，为获得新产品原型、新装置原始样机和新工艺等进行工业设计、绘图及工装准备，为获得新产品等建立和运行试验工厂，为从技术上进一步改进产品、工艺和生产过程或为此目的进行试验以获得经验和收集数据而进行的中间试验，试生产阶段对产品或工艺作进一步改进等活动，都具有创新性质，属于试验发展活动。例如，为了利用低品位矿石或降低矿石的开采品位而对工艺进行改进，以便使用已勘探的铁矿资源；为适应当地种植的纤维原料，对现有的从发达国家引进的纺织工艺和设备进行改造，都是试验发展。在改进引进技术的过程中，甚至可能需要开展某些应用研究。而对引进或国内购买的专利、技术诀窍、图纸、样机、设备和生产线进行仿制、复制或直接应用等不是试验发展活动。

（三）R&D 成果应用

R&D 成果应用是指为使 R&D 阶段产生的新产品、材料和装置，建立的新工艺、系统和服务，以及作实质性改进后的上述各项能够投入生产或在实际中运用而进行的系统活动。R&D 成果应用不具有创新成分。

R&D 成果应用这一分类只适用于自然科学、工程科学和技术、医学科学和农业科学领域，其特点是：①为使 R&D 的成果用于实际；②运用已有知识和技术，不具有创新成分；③成果形式是为生产或实际使用而设计的或是制定的带有技术、工艺参数规范的图纸、技术标准、操作规范等。

R&D 成果应用覆盖了 R&D 活动之后直至试制的整个过程。具体地说，工程与工装模具设计、小批量试制和工业性试验基本上都属于 R&D 成果应用。

（四）科学技术服务

科学技术服务（以下简称"科技服务"）活动是指与 R&D 活动相关并有助于科技知识的产生、传播和应用的活动。科技服务活动包括：为用户提供信息和文献服务的系统性工作；为用户提供可行性报告、技术方案、建议及进行技术论证等技术咨询工作；自然、生物现象的日常观测、监测、资源的考察和勘探；有关社会、人文、经济现象的通用资料的收集，如统计、市场调查等，以及这些资料的常规分析与整理；对社会和公众的科学普及；为社会和公众提供的测试、标准化、计量、质量控制和专利服务，但不包括企业为进行正常生产而开展的这类活动。

科技服务通常是在专设的以提供科技服务为主要目的独立的机构内进行（如科技信息文献机构、统计机构、大学的中心图书馆、档案馆、独立的文献资料中心、博物馆、植物园和动物园），也可以作为一项辅助性活动在从事其他主要活动（如 R&D、教育）的科技机构内进行。

科技服务的表现形式有两种：一种是在专设的以提供科技服务为主要目的独立或非独立的机构中以日常工作形式提供的科技服务；另一种是以课题形式提供的科技服务。

本书采用广义的研发外延，即研发既包括基础研究、应用研究和实验发展，也包括 R&D 成果应用，因为在实践中，实验发展与成果应用存在密切联系。

二、企业在产业技术研发创新中的主体地位

（一）企业的主导作用

企业是社会经济的基本单位，是商品生产和流通的主要承担者，是市场经济活动的主要参与者，因而也是技术创新的主体。企业主导产业技术研发创新，是指以企业为主导来进行产业技术的研发和创新，这里的企业主要是指国有大中型企业和民营科技型企业。

企业发挥产业技术创新的主体作用，必须加大企业技术创新投入、提升企业技术创新效益是全面提升科技创新水平的重要前提和途径，而这又离不开政府、研究机构等的支持。实际上，企业进行产业技术研发创新本身是一个社会系统工程，单靠企业是不够的，需要有一个面向并服务于企业的由政府、研究机构、中介组织等构成的服务系统。

（二）产业技术和生产技术

产业技术与生产技术既有本质的联系，又有所区别。产业技术是技术演化到产业层面的存在形态，是生产技术的体系化，又称产业共性技术。

美国技术哲学家卡尔米切姆把作为过程的技术的表现形式归结为：发明、设计、制造和使用。某项发明和设计一旦经由客观化、物质化而被纳入到生产过程，便表现为生产技术；而为完成技术的最终目的，必须实现生产技术的体系化，即与多种相匹配的生产技术综合，这就是产业技术。从知识创新的角度看，作为过程的技术是上述各种形态技术的有序和连续的转化，这一转化过程同时也就是知识产业化的过程，作为知识的技术在嵌入产业系统之后，不但完成了知识物化的过程，同时其结构、功能和内涵也被赋予了产业的规定性。

（三）科技创新

科技创新是科学技术创新的简称，它包含科学创新和技术创新两方面。科学创新是包括科学认识、科学发现以及科学应用在内的从整体上描述科学活动过程的概念。科学创新与技术创新的区别在于，科学创新是认识创新与实践创新的统一，技术创新基本属于实践创新，是从新产品、新工艺的市场需求出发，引起企业创新设想的产生，并经过研究与开发，使设想变成现实

的产品、工艺，并最终推向市场的一个系统过程。目前，国际国内一些大公司也在开展科学创新（如行业的相关基础研究）和技术创新，但对于大部分公司来说，技术创新活动开展得更为普遍。

从流程的角度看，科技创新包括许多环节，如图 1.1 所示[29]。

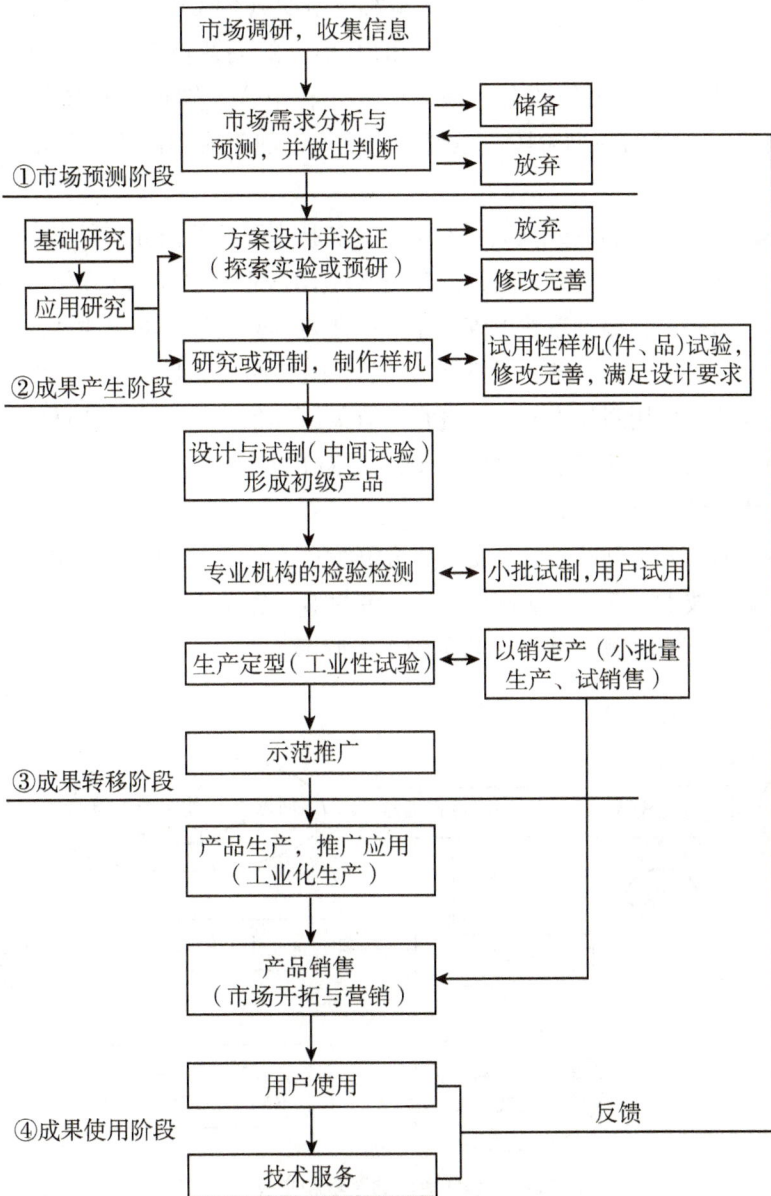

图 1.1　科技创新全流程

（四）研发创新

研究开发与科技创新是两个互有交叉的概念，一般而言，研究开发是技术创新的基础和前期阶段，尚需要通过成果转化（试制、定型、投产）才能最终实现技术创新。经济合作和发展组织（OECD）把研究开发定义为："研究和实验开发是在一个系统的基础上的创造性工作，其目的在于丰富有关人类、文化和社会的知识库，并利用这一知识进行新的发明。"研究开发是创新的前期阶段，是创新的投入，创新成功的物质基础和科学基础。

总之，研发（研究开发）是科学研究和技术开发的简称。科学研究是对一些现象或问题经过调查、取证、讨论等活动获取客观事实，再通过演绎、推理、分析和综合等创造性思维工作，提升到对客观事实的规律性认识的过程。因此，科学研究可分为了解事实、认识规律两大过程。技术开发是为了在生产经营中应用新技术成果而进行的有关新设备、新工艺、新材料、新产品和新操作技能的研究、实验、设计、试验和生产技术准备等工作的全过程，前承科学研究，后启企业生产。

本书所谓研发创新的含义是，研究开发是企业最重要的科技创新活动。研发创新是技术创新的构成部分，是后者的第一阶段。

R&D 活动的过程和主要内容如图1.2所示。

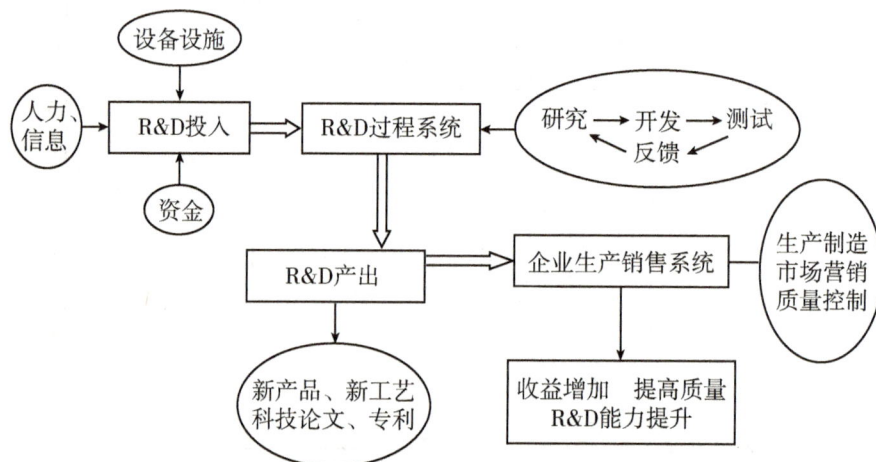

图1.2　R&D 活动的过程和主要内容

三、企业研发创新公共服务平台的含义

（一）公共服务[30]

所谓公共服务，通常指建立在一定的社会共识基础上，社会全体公民不论其种族、收入差异如何，都应公平、普遍享有的服务。其可以通过公共部门直接提供，也可以仅由政府提供资金支持，私人部门参与提供服务。即便是那些不是由政府提供或者政府仅提供资金支持的公共服务，出于社会和政治等方面的原因，对这些服务的管制也会比一般的经济部门多。而出于道德和正义等方面的考虑，一般认为那些在一定经济社会生活条件下必需的、直接关系最基本人权的公共服务（基本公共服务），应该确保能得到普遍平等的提供。从范围看，公共服务不仅包含通常所说的公共产品（具有非竞争性和非排他性的物品），而且也包括那些市场供应不足的产品和服务，广义的公共服务还包括制度安排、法律、产权保护、宏观经济社会政策等。

公共服务包括基本公共服务和基准公共服务。其中，基本公共服务是指建立在一定的社会共识基础上，根据一国经济社会发展阶段和总体水平，为维持本国经济社会的稳定、基本的社会正义和凝聚力，保护个人最基本的生存权和发展权，所必须提供的公共服务，其规定的是一定阶段上公共服务应该覆盖的最小范围和边界，如基本公共教育、公共卫生、社会保障、基础设施、公共安全等。随着经济社会的不断发展进步，人们对公共服务的需求越来越旺盛，公共服务所覆盖的范围也越来越广，几乎覆盖了整个社会生活的方方面面。

（二）平台

"平台"的兴起主要源自于 20 世纪西方社会计算机网络等电子信息领域的巨大成就，例如，WINDOWS 视窗系统作为一个操作平台，成功地将众多软硬件集成到一个界面进行操作，解决了众多软硬件不能兼容的问题。随着计算机以及网络的普及，"平台"的概念逐渐普及社会生活的其他领域。这里所谓的平台就是构建一个开放性的、标准化的基础构件，而各种类型产品零部件或者服务组件，只要符合开放性连接标准，都可以装配于这一基础平

台之上，为平台的用户提供他们所需的功能。

平台最早作为一个工程概念，最早的应用可追溯到 20 世纪初，在亨利·福特所著的《现代人》中就用到了平台的概念。美国学者 Meyer 首先提出产品平台（product platform）的概念，他认为产品平台是一系列核心子系统与各种相关接口组成的一个公共架构，基于这个公共架构能源源不断地衍生新产品。Krishnan 与 GuPta 则在产品平台的基础上提出技术平台的概念，他认为技术平台是一定范围内，所有产品共同采用的基本技术构架以及最低技术标准。1999 年美国竞争力委员会首先提出了创新平台（platform for innovation）的概念，其内涵是创新过程中的各种基础设施以及不可缺少的各类要素。

当前社会科学领域对于"平台"的使用，泛指发展的基础环境、要素或事物运行的基本载体。

公共服务平台有广义和狭义之分，广义公共服务平台是相关各种要素的集合，是一个大系统；狭义公共服务平台主要由围绕主体要素而运行的诸服务要素所构成。本书是在广义上使用公共服务平台。

（三）企业研发创新公共服务平台的含义

本书研究以企业为主导进行产业技术研发创新的公共服务平台，这一平台是围绕企业研发创新而组成的一个专业系统化的服务体系，表现为以契约为纽带的合作形式和机制。

研发创新服务平台包括众多个人和机构，它们相互联系相互作用，直接对技术创新的结果产生重要作用。服务平台包括：公共研究机构（国家研究机构、大学、非政府研究机构），主要从事知识生产活动，是知识的一个非常重要的来源；教育机构，主要从事创新型人才的培养；政府机构，通过制定政策，加强创新体系的效率，促进知识的生产、传播和使用，营造良好的环境；金融机构，主要是为技术创新活动的发展提供资金支持；中介服务机构，主要是为了促进技术转让，以便为公司的技术创新提供技术支持。

创新服务平台从主体要素的角度来看，其系统结构如图 1.3 所示。

创新服务平台依据技术、产业、合作程度等的不同，呈现出不同的组织及机制的形式。基本的形式及其关系如图 1.4 所示。

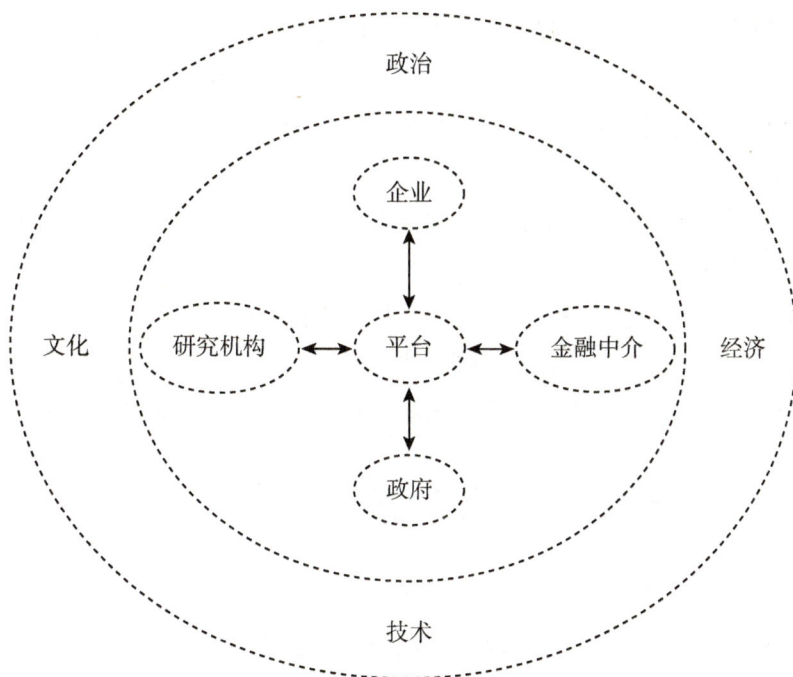

图1.3　技术创新服务平台系统结构

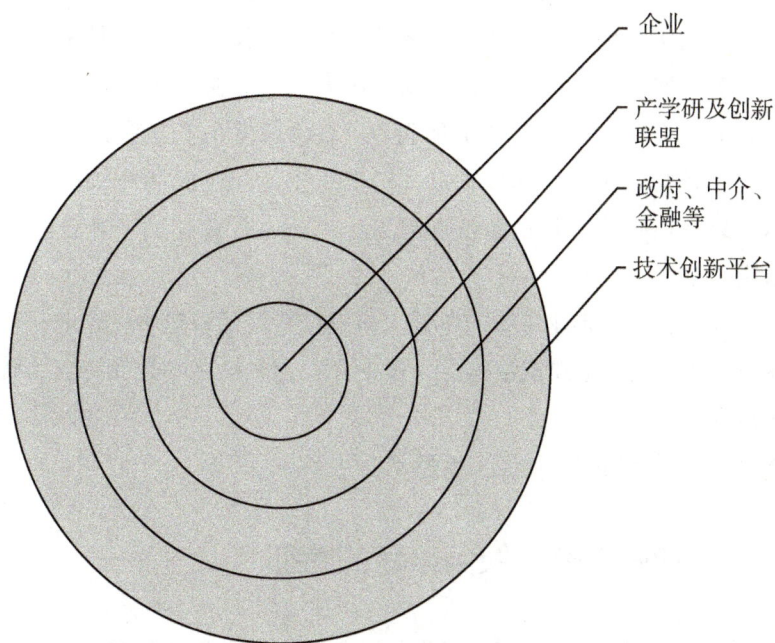

图1.4　企业技术创新公共服务平台的圈层关系

从里到外，成员数量递增，但紧密程度递减。

产学研系统：包括企业、大学、科研机构，是科研、教育、生产不同社会分工在功能与资源优势上的协同与集成化，是技术创新上、中、下游的对接与耦合。

产业技术创新战略联盟：是产学研系统的复合体，指由企业、大学、科研机构或其他组织机构，以具有法律约束力的契约为保障而形成的联合开发、优势互补、利益共享、风险共担的技术创新合作组织。

公共服务平台：在产业技术创新战略联盟的基础上，加入政府、金融机构、中介机构等，是为技术创新提供支持和保障的基础环境和基本载体。

四、企业研发公共服务平台的构成

在当代，科技创新从组织和运行的角度看是一种协同创新，一种复杂的社会经济系统。这个系统包括企业、研究机构、高校、科技中介、金融机构等许多要素，它们都是科技创新的参与者，可称为创新个体。这些参与者在创新系统中的地位和作用不同，企业侧重于技术创新和应用研究，高校和研究机构侧重于知识创新和基础研究，科技中介发挥联系和沟通的作用，金融机构予以资金支持，而政府作为引导和协调者发挥不可替代的作用。所谓"企业主导产业技术创新"，无疑是指企业是主体，发挥主导作用。但在研发方面，高校和研究机构也是主体。企业和高校研究机构都是主体，只是在研究、开发上各有侧重。当然，企业在其中是核心，起着主导作用。

概括地说，在"企业主导产业技术研发创新"的系统中，企业是核心主体，高校和科研机构是知识主体，科技中介、金融机构等是支持者，政府则是引导和协调者。

公共服务平台的构成如图 1.5 所示。

五、企业研发公共服务平台的特征

第一，公共性。即企业研发提供的服务具有一定的公共产品特征，公共产品通常具有非排他性和非竞争性特征，这就决定了企业研发的建设不能完

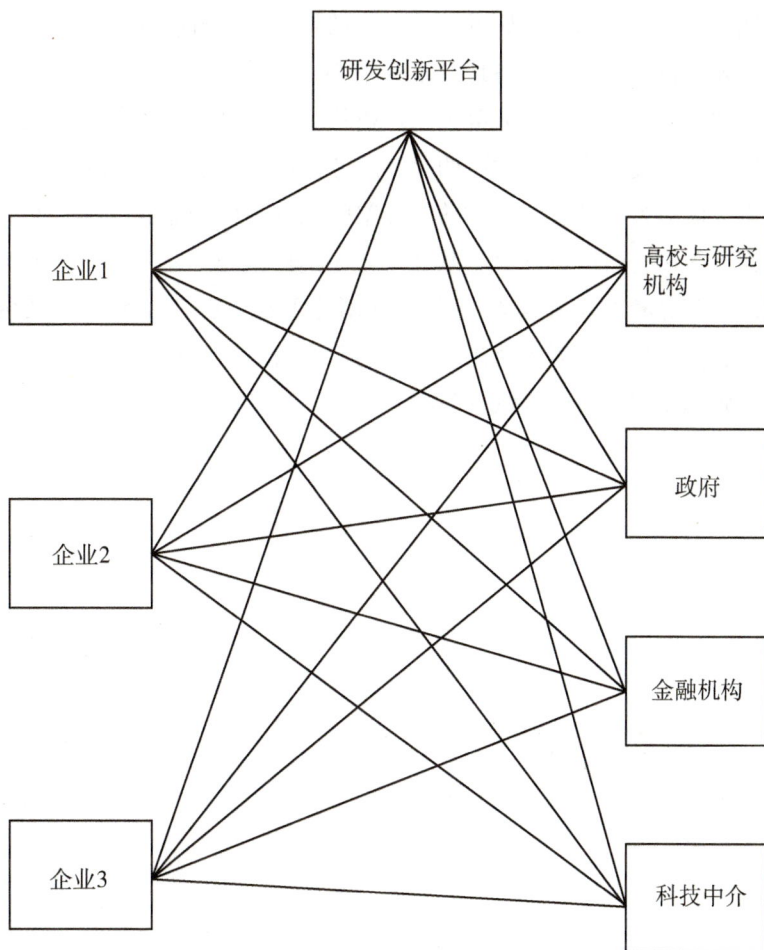

图 1.5 产业技术研发创新公共服务平台网状示意

全由市场机制来决定。

第二，开放性。即企业研发服务的对象是面向整个集群企业，而不是专门为某个或某几个集群企业服务的。集群企业无论规模大小、技术能力高低，只要具备接受企业研发的辐射能力，都能享受到平台开放性所带来的好处。

第三，多元性。即企业研发的构建主体并不是单一的组织和机构，通常不同类型的企业研发的构建主体是市场主体的组合形式，具有多元特征，这种多元特征有利于将各种建设主体的优势集中，但同时由于主体的多元性特征，在系统协调方面则存在一定的障碍。

　　第四，指向性。即企业研发的服务对象是产业集群企业，而并非广泛意义上的企业和机构。例如，各地的政务中心，就是行政的公共服务平台，它的服务对象是区域内广泛的人群和企业机构，并不是专门为集群企业服务的机构和组织，因此类似政务中心的公共服务机构并不是企业研发。

　　第五，区域性。即企业研发的服务空间范围是以产业集群的空间分布为基础，而不是以行政区域划分为基准。产业集群作为产业空间聚集的组织形态，它的空间分布并不完全与行政区域划分重合，也存在跨行政区域的现象。此时，企业研发的服务范围除了从属于自身行政区域的集群企业外，同时还包括隶属于其他行政区域的集群企业。

研 发 篇

第二章 山西省研发总体分析

一、山西省科技创新概述

创新驱动发展是我国的重要国家战略。创新驱动就是以创新作为经济的原动力，经济发展要以提升科技创新能力为条件[31]。近年来，山西省努力贯彻创新驱动战略，取得了比较明显的成绩。

（一）山西省科技创新能力[32]

一项实证分析表明，山西省创新驱动能力在全国位列第18。具体而言，第一，科技创新投入能力。在影响科技创新投入能力的4个观测变量中，科技活动人员数对科技创新投入的影响程度最大，因子载荷值为0.95，其次为R&D人员全时当量与R&D经费投入情况，科技活动经费投入对科技创新投入能力的贡献最小，因子载荷值依次为0.87、0.79与0.66。

第二，科技创新产出能力。在影响山西省科技创新产出能力的3个观测变量中，技术市场合同成交情况对科技创新产出能力的影响程度最大，因子载荷值为0.79，其次为专利申请受理量，因子载荷值为0.69，国外主要检索工具收录我国科技论文对山西省科技创新产出能力的影响程度最小，因子载荷值为0.43。

第三，教育能力。在影响山西省教育能力的2个观测变量中，教育事业费对教育能力的影响程度最大，因子载荷值为0.81，其次为高等学校在校学生数，因子载荷值为0.73。

第四，知识创新能力。在影响山西省知识创新能力的3个观测变量中，高校与科研院所科研课题数量对山西省知识创新能力影响程度最大，因子载荷值为0.76，其次为R&D经费支出，因子载荷值为0.68，高校与科研院所R&D人数对山西省知识创新能力影响程度最小，因子载荷值为0.48。

第五，科技创新环境。在影响山西省科技创新环境的3个观测变量中，政府科技拨款占财政支出比重对科技创新环境影响程度最大，因子载荷值为0.91，其次是 R&D 经费占 GDP 比重，因子载荷值为 0.76，每万人公共图书馆书量因子载荷值最小，为 0.69。因此，提高山西省 R&D 经费占 GDP 的比重，以及政府科技拨款占财政支出的比重能够显著改善山西省科技创新环境。

（二） 山西省高校科技创新能力

论文《基于主成分分析的山西高校科技创新能力评价》构建了山西省高校科技创新能力评价指标体系，以山西省 19 所院校为研究样本，运用主成分分析的方法评价了这 19 所高校的科技创新能力并进行了排队[33]。论文认为，第一，要增加科技创新投入。任何科技创新活动都需要一定的人员、经费投入，一般来说，科技经费投入越多，科技创新能力就越强，科技人员数量和经费是影响科技创新能力提高的主要因素。纵观创新综合排名靠前的太原理工大学、中北大学、山西大学都非常注重对科技创新活动的投入。第二，加强产学研合作通过政策引导和激励，鼓励企业和高校进行联合科学研究，建立产学研共性技术研发平台和技术转移平台，建立和完善产学研合作运行机制，使生产和科研能够紧密衔接，解决山西省高校科技成果难以商品化的问题。第三，完善山西省高校科技创新能力评估机制，提高山西省高校科技成果的质量和层次。山西省各高校根据自身的特点对其科技人员的科技创新成绩进行公正、公平、科学的评估。

（三） 山西省科技创新能力对城镇化、环境治理等的作用

总体看，山西省科技创新能力对新型城镇化的支撑作用是比较大的，且科技创新投入能力、产出能力、环境、转化能力对新型城镇化都具有一定的支持作用，其中，科技创新投入以及科技创新环境对新型城镇化水平的促进作用相对大一些，科技创新产出能力与转化能力的作用明显小，因此，有必要有针对性地采取措施以提高二者的支撑作用[34]。

具体看，科技创新投入能力对于新型城镇化的促进作用表现在人口城镇化、社会城镇化、资源环境城镇化，并且对社会城镇化的发展影响最大。科技创新产出能力对于新型城镇化水平的促进作用主要表现在经济城镇化方面，并且影响还不是足够明显，说明科技创新产出真正运用到新型城镇化建设中的方面还不够，需要进一步加强。科技创新环境对新型城镇化的支持表

现在经济城镇化、基础设施城镇化，且对基础设施城镇化的促进作用更加明显。科技创新转化能力对新型城镇化的支撑表现在资源环境城镇化、人口城镇化，但对这二者的促进作用相对于上面3项来说是最小的，说明山西省科技创新转化能力有待提升，需要引起高度重视。

同时，长期以来，山西省经济增长方式相对单一，引导山西省经济快速增长的主要是煤、焦、电、冶金以及与之高度相关的产品和服务。这些产品和服务给山西带来了严重的污染问题，"三废"排放量很大且逐年递增。治理环境污染固然离不开科学技术，而通过转型发展摆脱对煤炭等产业的过度依赖，更是要依靠科技创新[35]。

二、研发主要数据

"十二五"以来，受国家总趋势的推动，山西省研发活动逐渐活跃，无论从财力还是人力方面的投入均有大幅提高。根据中国科技统计年鉴2015年数据统计，2014年全年山西省研发经费投入内部支出总计1 521 871万元，研发人员全时当量为48 955人年。以2010年数据为基期，年均增长率分别为14.07%和9.79%。但是从全国的角度来看，山西省的R&D经费内部支出和R&D人员全时当量在全国排名均为第20位，体现了山西省同全国省份投入方面的差距。

2014年山西省专利授权申请共计8371件，较2010年的4752件增长76.16%，其中发明专利为739件，占全部申请授权的8.83%；专利有效数为29 077件，有效发明专利为6284件，占全部的21.6%。2013年山西省被国外主要检索工具收录的科技论文为3701篇，其中被SCI收录1699篇，EI收录1561篇和CPCI－S收录441篇；省内高等学校和研究与开发机构出版的科技著作共计663种。

山西省2014年全年技术市场交易活动中技术输出合同数为667项，较2010年以来的年份均有所下降，但合同金额为484 595万元，较2010年的184 911万元有大幅增长；技术引进合同数为3228项，较2010年的2627项增长22.88%，但交易金额为2 076 794万元，较2010年的509 161万元增长了307.89%。2014年山西省高技术产业企业个数共计134个，其创造的主营业务收入共计793.6亿元，其中新产品销售收入为61.67亿元。

三、研发投入

研发投入是开展研发活动的基础，一个地区研发活动开展的活跃程度以及水平和质量都与研发投入有着密不可分的联系。研发投入主要体现在以下两个方面：财力、人力。因此，研发投入现状分析主要从这两方面投入的总量、强度和使用方向上展开深入讨论[36]。

（一）山西省研发财力投入现状分析

1. R&D 经费内部支出

R&D 经费内部支出是指调查单位在报告年度用于内部开展 R&D 活动的实际支出。近些年，山西省 R&D 经费内部支出呈现逐年稳步增长态势，2005—2014 年山西省 R&D 经费内部支出情况如图 2.1 所示，2005 年山西省 R&D 经费内部支出仅为 26.28 亿元，到 2014 年上涨到 152.19 亿元，年均增长率为 21.55%，尽管在此期间 2014 年较 2013 年有所回落，但也基本处于支出持平状态，足以看出近些年山西省对于研发活动的重视程度。

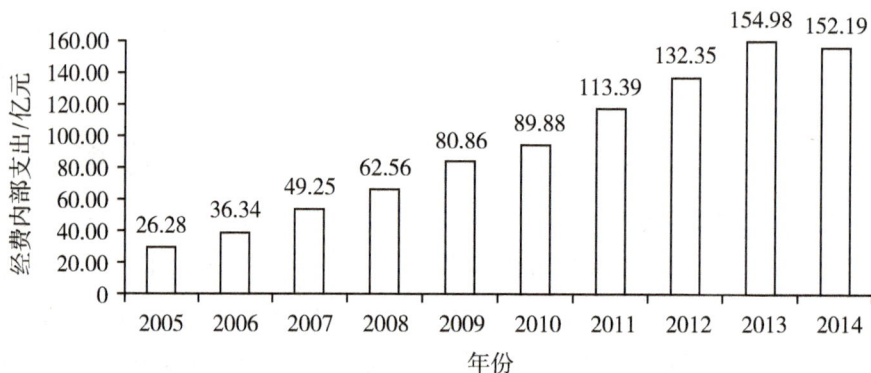

图 2.1　山西省 2005—2014 年 R&D 经费内部支出情况

资料来源：2006—2015 年中国科技统计年鉴。

2. R&D 经费内部支出增长

由图 2.2 可以看出，近 10 年山西省 R&D 经费内部支出的平均增长速度比历年地区生产总值 GDP 的增长速度要快，而且大部分年份相差较为明显。其中只有 2005 年、2010 年、2014 年这 3 年 R&D 经费内部支出的增长速度低于 GDP 的增长速度，2014 年相差甚小。由此可见，山西省的研发经费投入相对于山西省经济的发展保持了较高的水平。

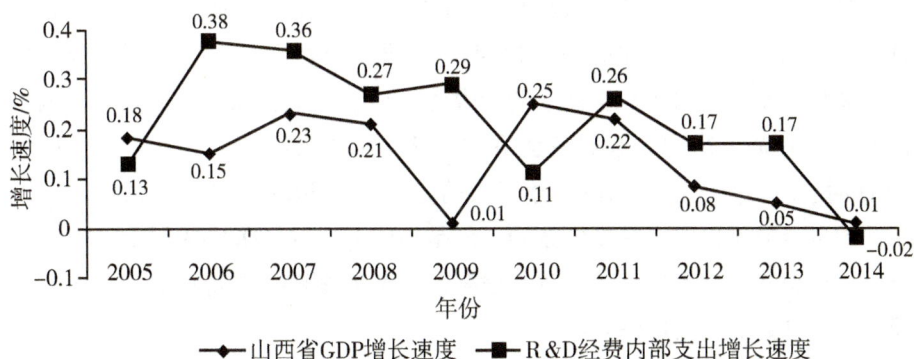

图 2.2 山西省 2005—2014 年 GDP 与 R&D 经费内部支出增长速度比较

资料来源：2006—2015 年中国科技统计年鉴和中国统计年鉴。

3.3 种研发活动经费支出

从活动类型来看，研发经费可以用于基础研究、应用研究以及试验发展。图 2.3 为山西省 2005—2014 年 3 种研发活动经费支出情况，其中 2008 年数据缺失，但不影响整体趋势水平的观测。2005 年山西省 3 种研发活动的经费支出水平相差不大，但近 10 年逐年拉开差距，并大幅增长，试验发展经费支出从 2005 年的 19.59 亿元，增长至 2013 年的 130.67 亿元，年均增长率为 26.77%，2014 年虽较 2013 年有所滑落，但是基本保持相同水平。近 10 年山西省投入于基础研究和应用研究的研发经费水平变化不大，基本保持稳定态势。由此可见，近些年山西省越来越重视知识技术向社会经济效益的转化。

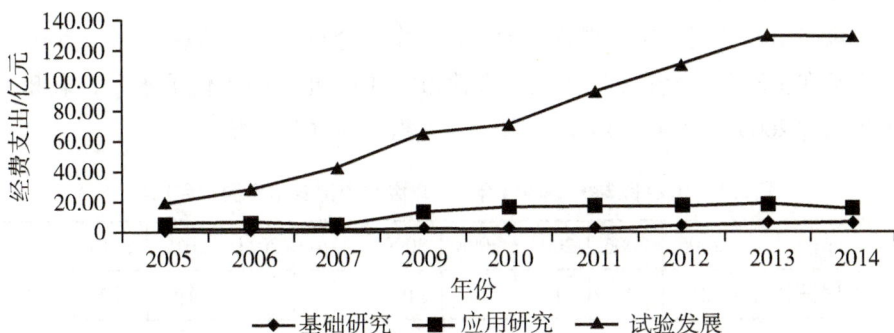

图 2.3 山西省 2005—2014 年 3 种研发活动经费支出情况

资料来源：2006—2015 年中国科技统计年鉴和中国统计年鉴。

4. R&D 经费的来源

从资金来源看，R&D 经费内部支出的来源主要有企业、政府、国外和其他。图 2.4 为山西省 2005—2014 年 4 种研发经费内部支出来源的分布情况，需要说明的是由于数据获取的局限性，2008 年数据缺失，但并不影响整体上对 4 种资金来源的趋势变化观测。从图 2.4 可以看出，近些年山西省 R&D 活动的企业资金来源占有相当大的比重，从 2007 年开始，虽然来源于企业的资金数额也在小幅度内波动，但是整体上均占比在 80% 以上。可以看出山西省企业对于研发活动的重视程度，以及依靠科技创新来带动企业的发展，创造良好的社会经济效益。

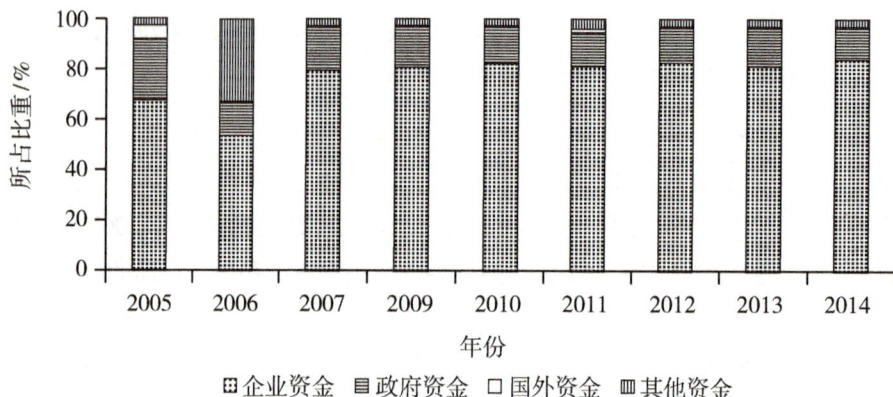

图 2.4　山西省 2005—2014 年 4 种研发经费内部支出来源分布情况

资料来源：2006—2015 年中国科技统计年鉴和 2006—2009 年山西科技统计年鉴。

5. 在全国的排名

虽然山西省近些年重视科技创新，研发资金投入有了大幅增加，但其投入水平在全国 31 个省（自治区、直辖市）中仍处于中等偏下水平，表 2.1 为山西省 2005—2014 年 R&D 经费内部支出全国排名情况。

表 2.1　山西省 2005—2014 年 R&D 经费内部支出全国排名情况

年份	2005	2006	2007	2008	2009	2010	2011	2012	2013	2014
全国排名	21	21	19	19	19	19	19	19	19	20

资料来源：2006—2015 年中国科技统计年鉴。

（二）山西省研发人力投入现状分析

1. 总体情况

研发人员是一个地区开展研发活动的必要条件和核心力量，一个地区优质的研发人员资源是这个地区开展研发活动的重要财富。图2.5为山西省2005—2014年R&D人员全时当量，2014年较2005年增长了77.14%，可以说是有了大幅提高，但从10年间的整体水平来看，2008—2014年山西省R&D人员全时当量处于小幅度上下波动的状态，可以看出山西省近年来研发活动的人员投入是保持稳定的状态，并没有太大的变化。随着科学技术的高速发展，山西省从事研发活动的人员可能已经处于严重不足的状态，急需大量引进高技术人才以及高校的优质人才输出。

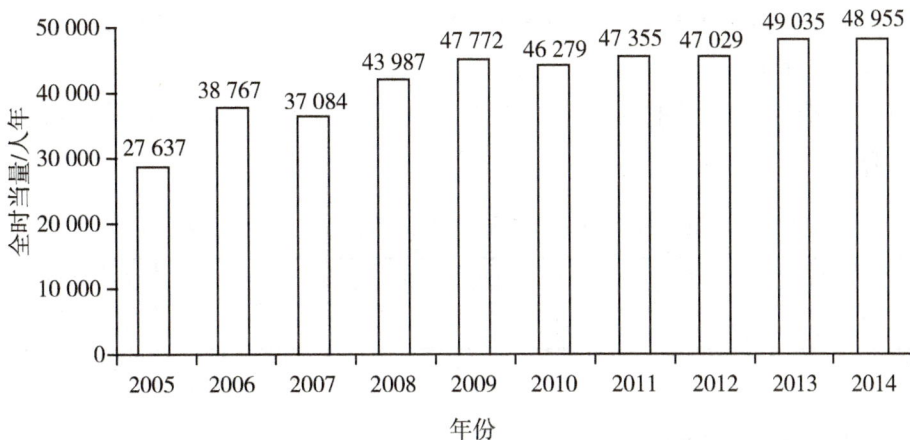

图2.5　山西省2005—2014年R&D人员全时当量

资料来源：2006—2015年中国科技统计年鉴和2006—2009年山西科技统计年鉴。

2. 分类情况

从活动的类型来看，山西省从事基础研究和应用研究的人员近10年来基本没有变化，处于稳定状态，从事试验发展的人员2005—2008年有较大幅度的增长，之后，从2008年开始基本处于平缓状态，没有太大的变化，可以看出山西省R&D人员全时当量近年来变化稳定基本上取决于试验开发的人员没有过大的增减。山西省从事各项研发活动的结构模式逐年趋于稳定。图2.6为山西省2005—2014年3种活动类型的R&D人员全时当量分布情况。

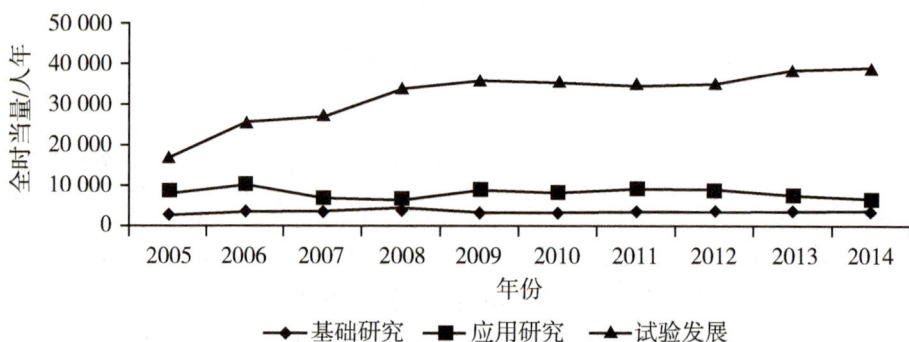

图 2.6　山西省 2005—2014 年 3 种活动类型 R&D 人员全时当量分布情况

资料来源：2006—2015 年中国科技统计年鉴和 2006—2009 年山西科技统计年鉴。

3. 在全国的排名

表 2.2 为山西省 2005—2014 年 R&D 人员全时当量全国排名情况，山西省近年来的人力投入同财力投入一样，在全国 31 个省（自治区、直辖市）的排名均处于中等偏后的水平，山西省需要全面改善这种落后的状态。

表 2.2　山西省 2005—2014 年 R&D 人员全时当量全国排名情况

年份	2005	2006	2007	2008	2009	2010	2011	2012	2013	2014
全国排名	18	16	17	18	18	18	18	19	19	20

四、研发产出

研发活动产出是衡量一个区域创新成果的标志，也在一定程度上决定区域创新效率和能力。研发活动的产出体现在两个方面：一方面是纯技术成果的知识产出，主要体现在产出的科技论文、出版科技著作以及专利技术等；另一方面就是利用技术成果而创造的经济效益，主要体现在技术市场和新产品开发方面。

（一）知识产出

1. 科技论文

科技论文是衡量一个地区 R&D 人员基础研究和应用研究水平的重要指

标。本书根据国外主要三大检索工具 SCI、EI 和 CPCI－S（原 ISIP）的收录统计结果，对山西省 2004—2013 年的科技论文产出进行分析。表 2.3 为 2004—2013 年国外主要检索工具收录山西省科技论文总量，从 2004—2013 年的 10 年间虽然科技论文的数量不是逐年增长，但是较 2004 年相比，近 10 年山西省科技论文的总量有了大幅增长，由 2004 年的 889 篇增至 2014 年的 3701 篇，年均增长率为 17.17%。图 2.7 为 2004—2013 年国外主要检索工具收录山西省科技论文分布情况，近 10 年山西省的科技论文被国外检索工具收录以 SCI、EI 占据了绝大部分，虽然历年 SCI 收录的科技论文略多于 EI，但是数量整体上相差不大。

表 2.3　2004—2013 年国外主要检索工具收录山西省科技论文情况

年份	2004	2005	2006	2007	2008	2009	2010	2011	2012	2013
科技论文总量/篇	889	1860	1401	1423	2365	2053	2475	2709	2875	3701

资料来源：2006—2015 年中国科技统计年鉴。

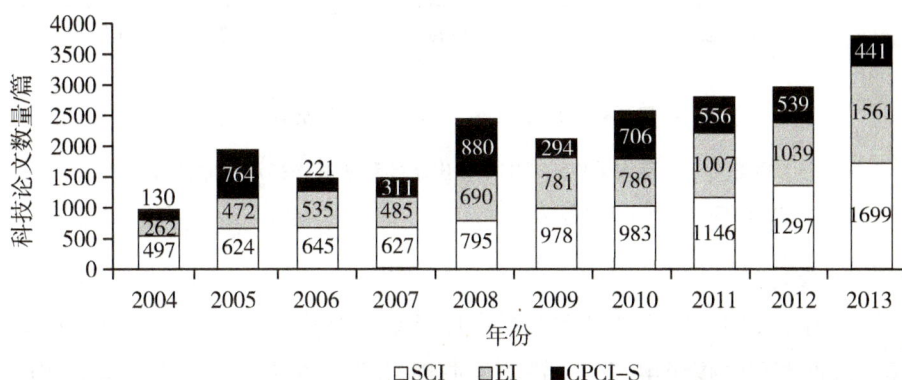

图 2.7　2004—2013 年国外主要检索工具收录山西省科技论文分布情况

资料来源：2006—2015 年中国科技统计年鉴。

2. 出版的科技著作

科技著作的出版主要来源于高等学校和研究与开发机构，截至 2014 年年底，山西省共有高等学校 44 个，R&D 人员合计 14 097 人，研究与开发机构 163 个，R&D 人员合计 5266 人。表 2.4 为山西省 2005—2014 年高等学校和研究与开发机构共出版的科技著作数量，近 10 年山西省出版的科技著作总量处于起伏变化的状态，2014 年的产出水平和 2005 年的产出水平基本无差。也由此可以看出山西省近 10 年的知识产出成果并不理想。从产出的来源看，历年高等学校的科技著作产出要远远高于研究与开发机构。但近 10 年高等学校的科技著作产出量也没有明显的增长变化。图 2.8 为山西省 2005—2014 年出版的科技著作来源分布情况。

表 2.4　山西省 2005—2014 年出版的科技著作情况

年份	2005	2006	2007	2008	2009	2010	2011	2012	2013	2014
出版科技著作总量/个	657	585	533	466	751	712	602	714	608	663

资料来源：2006—2015 年中国科技统计年鉴。

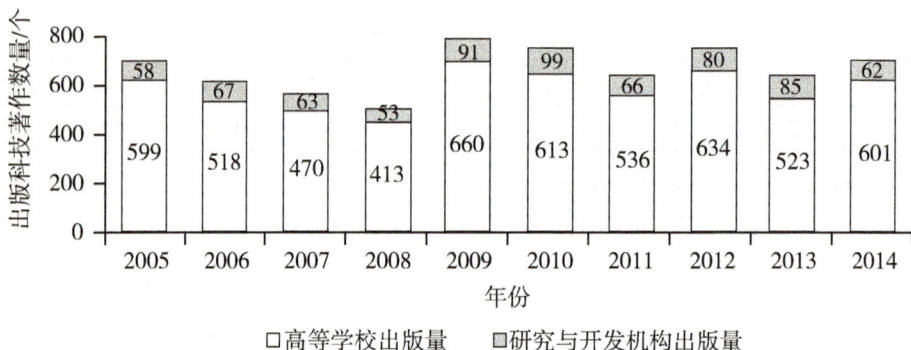

图 2.8　山西省 2005—2014 年出版的科技著作来源分布情况

资料来源：2006—2015 年中国科技统计年鉴。

3. 专利

专利是发明、实用新型和外观设计经审查合格后，由国务院专利行政部门依据专利法授予申请人对该项发明创造享有的专有权，是衡量科技产出和知识创新的一项重要指标。图 2.9 为山西省 2005—2014 年专利申请受理量和专利申请授权量情况，可以看出 2005—2013 年山西省专利无论从申请受理还是申请授权上来看都有了一个大幅增长，2005 年山西省专利申请受理数为 1985 件，专利申请授权数量为 1220 件，2013 年分别增长至 18 859 件和 8565 件，年均增长率分别为 32.50% 和 27.58%，可见山西省近些年对科技创新所作出的努力和获得的成果。2014 年受到经济等多方面的影响，较 2012 年、2013 年稍有下降，但是山西省整体体现出了良好的专利产出态势。

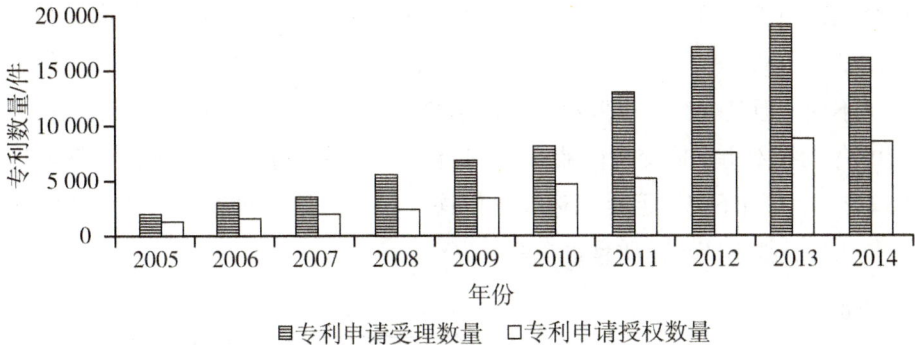

图 2.9　山西省 2005—2014 年研发活动专利产出情况

资料来源：2006—2015 年中国科技统计年鉴。

发明专利的原创程度和技术含量要明显高于实用新型和外观设计专利，是支撑经济发展方式转变的核心创新成果，因此在三大专利类型中最为重要。图 2.10 为山西省 2005—2014 年研发活动 3 种专利产出分布情况，可以看出山西省 2005—2014 年的发明专利和实用新型都有了大幅的逐年增长，年均增长率分别为 21.02％ 和 26.01％，但是发明专利在历年专利产出中所占的比例并不高。

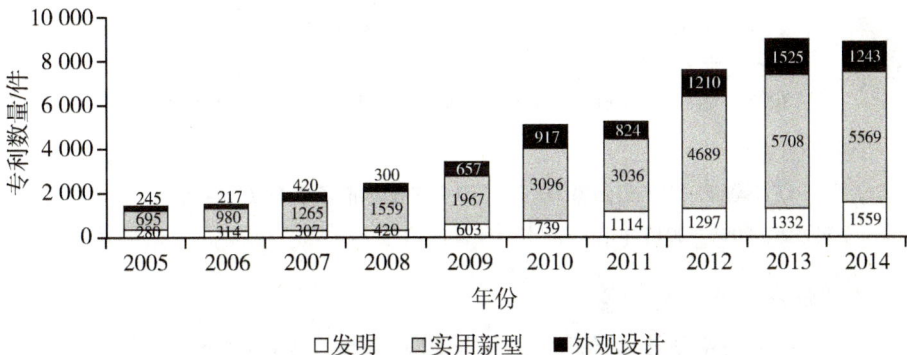

图 2.10　山西省 2005—2014 年研发活动 3 种专利产出分布情况

资料来源：2006—2015 年中国科技统计年鉴。

（二）研发经济效益产出

1. 技术市场

图 2.11、图 2.12 分别为山西省 2005—2014 年技术市场成交合同数和合

同金额，2005—2007 年山西省技术市场成交合同数逐年减少，但是成交金额逐渐增加，从 2008 年开始至 2013 年，山西省技术市场成交合同数基本每年保持不变，但是成交额也依然在增长，尤其是 2013 年有了较大幅度的增长，2014 年的技术市场成交合同数是 2008 年以来的最低值，但是成交金额虽然较 2013 年有所下降，但是也远高出以往 8 年，可见山西省的技术市场发展态势较好，技术产出的质量也在逐年提高。

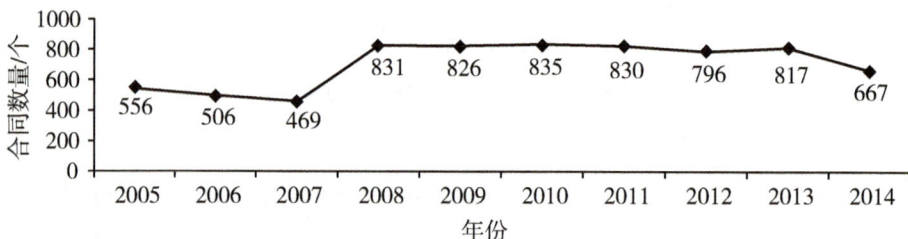

图 2.11 山西省 2005—2014 年技术市场成交合同数

资料来源：2006—2015 年中国科技统计年鉴。

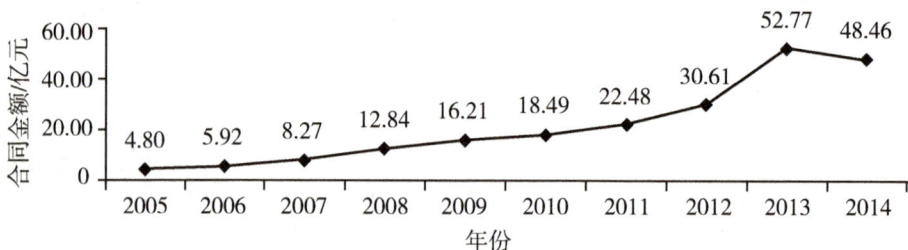

图 2.12 山西省 2005—2014 年技术市场成交合同金额

资料来源：2006—2015 年中国科技统计年鉴。

2. 新产品开发及销售

新产品是采用新技术原理、新设计构思研制、生产的全新产品，或在结构、材质、工艺等某一方面比原有产品有明显改进，从而显著提高了性能或扩大了使用功能的产品[56]，其极大地反映了试验发展的经济效果。企业是研发活动开展的重要资金来源，而工业企业是国民经济的重要支柱产业，其产出水平可以很好地反映整个地区的研发活动情况。

图 2.13、图 2.14 分别为规模以上工业企业新产品开发项目情况和新产品销售收入情况，需要说明的是由于数据获取的局限性，2010 年数据缺失，但并不影响整体水平的观测。2008—2014 年，山西省的规模以上工业企业新

产品开发项目数量变化幅度不大，几年间其新产品销售收入在波动中增长了256.93亿元，从历年整体来看，山西省的规模以上工业企业的新产品产出情况不稳定，存在较多的问题。

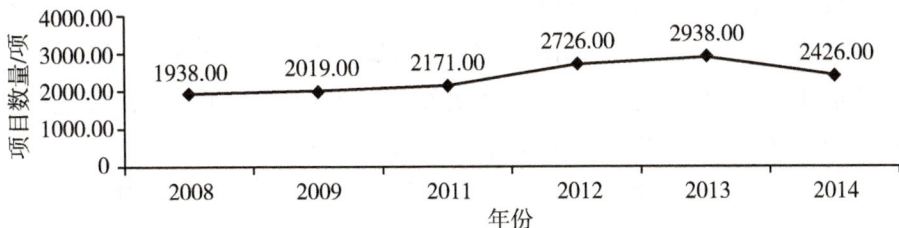

图 2.13　山西省 2008—2014 年规模以上工业企业新产品开发项目情况
资料来源：2009—2015 年中国科技统计年鉴。

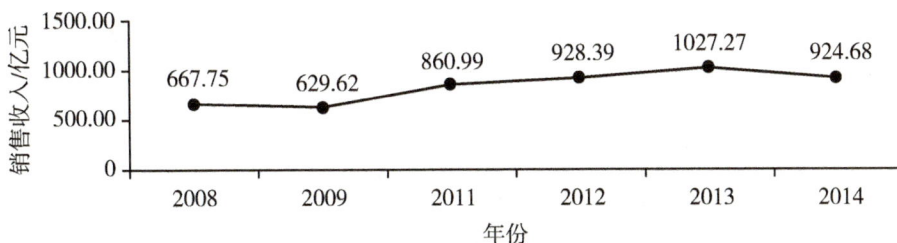

图 2.14　山西省 2008—2014 年规模以上工业企业新产品销售收入
资料来源：2009—2015 年中国科技统计年鉴。

五、存在的问题

2015 年，山西省创新能力综合排名位于全国第 25 位，绝大多数指标位于全国第 20 位左右。山西省属于科技综合竞争力薄弱地区。科技经费投入不足，2014 年，山西省 R&D 经费投入占 GDP 比重只有 1.19%，明显低于全国 2.05%的平均水平，R&D 经费投入排全国第 20 位，多元科技投入体系仍不健全，科技风险投资的市场机制没有形成，科技企业利用资本市场能力较弱。科研人才尤其是高层次、领军型人才匮乏，国家级创新团队只有 1 个，2014 年，山西省 R&D 人员全时当量只占全国的 1.32%。聚焦主导产业的创新平台数量少，高端平台更少，国家级重点实验室数量只占全国的 1.25%，国家级高新区数量只占全国的 1.38%，国家自主创新示范区全国 14 家，山西省还未建立。全社会大众创业、万众创新的局面亟待打开。

科技支撑引领产业发展能力较弱。科技支撑传统产业转型升级能力较弱，煤炭、焦化、冶金、电力等传统产业技术水平低、产品附加值低、质量效益低，高能耗、粗放式产业开发模式仍然存在，产业转型升级和创新缺乏充足有效的技术供给。科技引领新兴产业发展作用较弱，全省高新技术产业化程度低，产业规模偏小，产业层次仍处于产业链的中低端。全省高新技术企业销售收入只占规模以上企业销售收入的 11.4%。

总体来看，山西省科技创新实力基础弱、底子薄，作为科技创新基础和标志的研发，与先进省份相比存在较大差距，一些重要指标值低于全国平均水平，研发推进工作面临很大挑战。

第三章 山西省企业研发创新的现状

企业是区域研发创新的主体。企业在市场中生存，利润驱动其迎合市场需求，压力促使其不断创新，这便决定了其在整个产业技术创新体系中的主体地位和核心作用。

一、概况

山西省企业研发创新主体地位亟待提高。2014 年，山西省规模以上工业企业有研发活动的只占 7.99%，建立研发机构的企业只占 5.43%，明显低于全国 12.62% 的平均水平，R&D 人员数量只占全国规模以上工业企业 R&D 人员总数的 1.34%。科技型中小微企业总量少，创新能力弱，竞争力不强，融资难、创新难、成长难等共性难题亟须得到有效破解。科技型企业孵化器数量少，国家科技企业孵化器只占全国的 1.39%。高标准的产学研合作有待建立，国家级产业技术创新战略联盟只有一个。

表 3.1　山西省企业研发创新情况（2009—2014 年）

指标	2009	2010	2011	2012	2013	2014
R&D 人员/人	10 547	10 695	13 803	10 835	12 309	15 407
R&D 经费支出总额/万元	64.94	74.59	93.51	111.35	121.51	130.11
R&D 经费支出总额占 GDP 的比重/%	88	81	83	92	90	94
发明专利申请量/项	694	875	1153	1484	1567	1671
发明专利授予量/项	0	0	0	21	22	26

数据来源：2010—2014 年山西科技统计年鉴及山西省统计信息网。

由表 3.1 分析可知，从 2009—2014 年，企业 R&D 人员投入总体呈增长的趋势，仅 2012 年下降了 8796 人，但其增长幅度仍远远高于高校和科研机构；企业的 R&D 经费支出由 2009 年的 64.94 亿元增加到了 2014 年的

130.11 亿元，翻了一倍有余，研究与试验发展（R&D）经费支出占生产总值（GDP）的比重中，企业一直持续在 85% 左右，其中 2012 年突破了 90%。可见，企业作为最终实现区域研发创新市场化和商业化的主要媒介，无论是在人力资源还是在财力资源投入方面均远远超过了高校和科研机构，突出了其区域研发创新的主体地位。

山西省各研发创新主体的发明专利申请量和发明专利授予量在逐年增加，其中企业的发明专利申请量增长最快，且总体数量远远超过了高校和科研机构的专利申请量，占据了绝对的优势，主体地位明显。但在发明专利授予总量中，企业的发明专利授予却是最少的，在 2012 年前都是 0 项，2012年后授予量有所增加。可见，虽然企业的发明专利申请量最大，但在专利授予上却相当的少，说明了企业虽研发创新能力较强，但其在原始创新能力方面投入不足。

通过上述分析可知，企业的研发创新主体地位明显，在山西省的研发创新水平较高，研发创新人力、财力投入力度逐年增加，但在原始创新能力方面仍旧不足。

总之，企业在技术创新决策、研发投入、科研组织和成果转化等方面的主体地位还没有建立起来，多数企业只注重当前实际问题，缺乏生产一代、研制一代、储备一代创新战略的长效机制。

二、山西省企业 100 强研发状况分析[37]

（一）山西省企业 100 强研发状况

2014 年山西省企业 100 强中，根据企业自愿申报的数据统计结果显示，标明研发费用的有 11 个行业 59 家企业，比上年度的 48 家增加了 11 家，各行业研发强度（研发费用占营业收入比例）煤炭开采业（3.5%）位居第一，机械装备制造业（2.6%）名列第二，商贸业（2.22%）位居第三，金属冶炼及加工（1.40%）名列第四。12 个行业中有 6 个行业的研发费用投入比例超过 1%。

具体来看，2014 年进入山西省企业 100 强的煤炭开采企业共 19 家，其中 10 家标明了研发费用；金属冶炼及加工行业有 7 家，其中 4 家标明了研发费用；炼焦、焦炭及煤炭加工企业有 8 家，其中 5 家标明了研发费用；化学及化工原料企业有 6 家，其中 5 家标明了研发费用；机械装备制造业企业有 26 家，其中 20 家标明了研发费用；建筑业企业有 8 家，其中 5 家标明了研发费用；商贸业企业有 9 家，其中 2 家标明了研发费用；电力企业有 9 家，其中 4 家标明了研发费用；交通运输业企业有 2 家，其中 1 家标明了研发费用。2014 年山西省 100 强企业专利及研发情况如表 3.2 所示。

表 3.2　2014 年山西省 100 强企业专利及研发情况汇总

行业类别	列示研发费用的企业数/个	平均研发费用/万元	平均营业收入/万元	研发费用投入强度
烟草加工	1	5	410 384	0.12%
煤炭开采	10	156 521.5	4 472 788.26	3.50%
金属冶炼及加工	4	37 087.57	2 649 453.57	1.40%
炼焦、焦炭及煤炭加工	5	21 747.8	3 668 736	0.59%
化学及化工原料	5	5048.6	465 603	
电力	4	370.25	207 371.2	0.18%
机械装备制造业	20	10 984.45	421 846	2.60%
建筑业	5	7265.44	632 616	1.15%
交通运输	1	1273	5 072 197.5	0.03%
煤炭运销	2	8032	17 764 311	0.05%
商贸	2	7317.5	329 715.11	2.22%
合计	59	255 653.11	36 095 021.64	0.71%

可见，山西省企业研发创新投入严重不足。有学者认为，山西省 20 世纪 80 年代经历了两个增长波：一个是由煤炭产业自身的繁荣带来的；另一个是焦化、冶金、电力等煤系资源型产业的繁荣带来的。然而，这两个增长波使得经济要素的配置方式、结构和效率，乃至于整个产业生态都发生了彻底变化，对山西省经济产生了吸纳效应和挤出效应两种。吸纳效应即煤炭产业在自身生长和繁荣的同时，却带来了生态环境的恶化；挤出效应即资源繁荣对管理、技术、人力资本的挤出作用。一方面表现为，资源产业的资产专用性强，沉淀成本高，前后向关联效应和正外部性效应低，导致所在区域的其他产业发育不良以及教育、人力资本、R&D 投资不足。另一方面表现为，

资源繁荣带来大量溢价收入，使得经济活动更加依赖于资源开发，抑制了技术创新活动。

2014 年山西省百强企业标明研发费用的有 11 个行业 59 家企业，比上年度的 48 家增加了 11 家，但百强企业的平均研发投入强度由上年的 1.1% 下降到 2014 年的 0.71%，60% 以上的行业研发投入强度下降，研发费用投入比例超过 1% 的仅有 6 个行业，煤炭开采业研发投入强度最高，但仅为 3.5%，没有一个行业研发费率在 5% 以上，就具体企业来看，研发费率在 5% 以上的企业由 2013 年的 14 家下降到 2014 年的 3 家。

技术创新是经济发展的动力，缺乏足够的技术创新能力，任由重污染、高能耗、低附加值的资源型产业畸形发展，就无法解决生态环境失衡问题，也挤压了富有创新活力和较高附加价值的新兴产业与现代服务业的发展空间，制约了山西省区域可持续发展能力。

（二）2014 年山西省制造业企业 100 强的研发状况

2014 年山西省制造业企业 100 强的研发投入总体上较上年有所减少，提供研发数据的 71 家企业中，平均研发费用占平均营业收入的 1.01%，42 家企业暂没提供研发支出数据，研发投入低于 1% 的企业有 29 家；研发投入在 1% ~5% 的企业有 26 家；研发投入在 5% ~10% 的企业仅 3 家；无一家企业研发投入在 10% 以上。相关数据见表 3.3。

表 3.3　2013—2014 年山西省制造业企业 100 强的研发投入分布情况

单位：家

年份	超过 10%	5% ~10%	1% ~5%	1% 以下	无研发费	总数
2013	2	12	19	27	40	100
2014	0	3	26	29	42	100
变化情况	减少 2 家	减少 9 家	增加 7 家	增加 2 家	增加 2 家	

总体而言，2014 年山西省制造业企业 100 强的研发投入费用较上年有所减少，且所占比例总体上仍然偏低，研发投入这一薄弱环节有待进一步加强。

自主研发创新能力不足。2014 年山西省制造业 100 强企业的研发投入在 1% 以下及未提供研发数据的企业占 71%，这足以表明山西省制造业整体研发投入力度不够，创新能力不足，对技术创新缺乏应有的重视程度。创新是制造业的"灵魂"，只有创新，才会生产出优质、高效、具有竞争力的产品。目前，山西省绝大部分的装备制造企业仍然没有走出仿造、试凑和经验设计的传统设计模式，制造业技术引进仍停留在原有水平，没能形成自主创新能力，在关键技术上受制于人，陷入了"引进、落后、再引进、再落后"的恶性循环，生产的产品附加值极低，处于价值链低端，严重制约着山西省制造业的发展。

三、山西省上市公司研发效率实证分析

一般而言，上市公司大都具有较强的实力和科技创新能力[38]。对山西省上市公司研发效率进行研究，从一个侧面能够反映山西省整个企业的研发水平。

（一）研究模型：二阶段网络 DEA

假设有 n 个生产系统，每个生产系统视为一个生产决策单元（DMU），第 k 个生产决策单元 DMU_k（$k=1,2,\cdots,n$）的第一阶段的投入和产出分别为：X_i^k（$i=1,2,\cdots,m$）和 Z_r^k（$r=1,2,\cdots,s$），第二阶段的投入与第一阶段的产出相同，产出为 Y_j^k（$j=1,2,\cdots,p$）。首先，构建模型（1）并满足 Z_r^k 处在两个阶段的权重是相同的，同时全过程满足累计的产出小于等于累计投入。

$$E^k = \max \frac{\sum_{j=1}^{p} w_j Y_j^k + \sum_{d=1}^{2} \mu^{k(d)}}{\sum_{i=1}^{m} u_i X_i^k}。 \tag{1}$$

$$s.t. \begin{cases} \sum_{j=1}^{p} w_j Y_j^k + \sum_{d=1}^{2} u_i X_i^k \leq 0, \ j=1,2,\cdots,n \\[2mm] \sum_{r=1}^{s} v_r Z_r^k + \mu^{k(1)} - \sum_{i=1}^{m} u_i X_i^k \leq 0, \ j=1,2,\cdots,n \\[2mm] \sum_{j=1}^{p} w_j Y_j^k + \mu^{k(2)} - \sum_{r=1}^{s} v_r Z_r^k \leq 0, \ j=1,2,\cdots,n \\[2mm] u_i \geq \varepsilon I_i, \ v_r \geq \varepsilon I_r, \ w_j \geq \varepsilon I_j, \ \mu^{k(1)} \epsilon R, \ \mu^{k(2)} \epsilon R \end{cases}$$

其中，u_i、v_r、w_j 分别是 X_j^k、Z_r^k、Y_j^k 的权重系数；ε 是阿基米德无穷小量；$\mu^{k(d)}$（$d=1$、2）是不受条件约束的实变量，它描述模型（1）中 DMU_k 的规模报酬所处的状态，当 $\mu^{k(1)}=0$、$\mu^{k(2)}=0$ 时，规模报酬不变。

将模型（1）做 Charner – Cooper 变换得到等价模型（2）：

$$E^{k'} = \max \sum_{j=1}^{p} \gamma_j Y_j^k + \sum_{d=1}^{2} \varphi^{k(d)} 。 \tag{2}$$

$$s.t. \begin{cases} \sum_{r=1}^{s} \beta_r Z_r^k + \varphi^{k(1)} - \sum_{i=1}^{m} \alpha_i X_i^k \leq 0 , j = 1,2,\cdots,n \\ \sum_{j=1}^{p} \gamma_j Y_j^k + \varphi^{k(2)} - \sum_{r=1}^{s} \beta_r Z_r^k \leq 0 , j = 1,2,\cdots,n \\ \sum_{i=1}^{m} \alpha_i X_i^k = 1 \end{cases}$$

其中，α_i、β_r、γ_j 是变换后 X_j^k、Z_r^k、Y_j^k 的权重系数，若 α_i^*、β_r^*、γ_j^*、$\varphi^{k(1)*}$、$\varphi^{k(2)*}$ 是模型（2）的最优解，则 DMU_k 的两个阶段的效率分别表示为：

$$E^{(1)'} = \frac{\sum_{r=1}^{s} \beta_r^* Z_r^k + \varphi^{k(1)*}}{\sum_{i=1}^{m} \alpha_i^* X_i^k} , \quad E^{(2)'} = \frac{\sum_{j=1}^{p} \gamma_j^* Y_j^k + \varphi^{k(2)*}}{\sum_{r=1}^{s} \beta_r^* Z_r^k} 。$$

这里将一个上市公司视为一个决策单元，并将其研发活动分解为研发阶段和研发成果转化阶段。研究开发阶段通过包括经费、人员在内的研发资源投入，产出技术成果，再通过研发成果转化阶段投入技术成果来获取相应的经济效益，具体流程如图 3.1 所示。

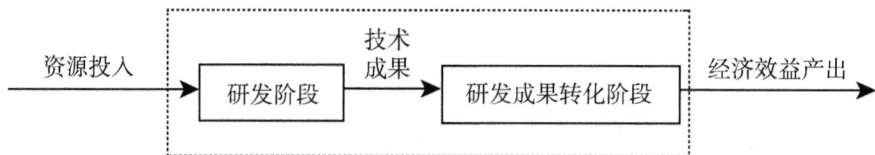

图 3.1　企业研发活动二阶段流程示意

（二）指标体系的选取及模型测算

1. 指标体系选取

本书在充分借鉴现有研究成果的基础上，根据数据的可获取性，为两个阶段的效率评价选取了如表 3.4 所示的指标体系。

表 3.4 二阶段研发效率评价指标体系

阶段	指标	指标解释
研发阶段投入	研发经费投入强度 X_1^k	企业研发活动的资金投入
	研发人员投入强度 X_2^k	企业研发活动的人员投入
研发阶段产出（研发成果转化阶段投入）	企业专利申请数量 Z_1^k	企业研发活动的技术成果产出
	企业技术资产比率 Z_2^k	
研发成果转化阶段产出	基于研发的业务成本减少率 Y_1^k	反映企业研发获得的成本节约
	基于研发的业务收入增长率 Y_2^k	反映企业研发获得的经济利益增长
	基于研发的活动的业务利润率 Y_3^k	反映企业研发获得的盈利能力

2. 数据来源与指标计算

（1）数据来源

为了保证指标数据的完整性、可参考性，并根据"决策单元的数量不少于投入和产出指标数量的乘积，同时不少于投入和产出指标数量的 3 倍"的原则，本书选取在深沪两市 2011 年前（包括 2011 年）上市的 26 家山西省辖区上市公司，以其 2011—2015 年年度报告中的财务数据、佰腾专利检索数据作为模型测算的基础数据。考虑到企业从研发阶段的投入到研发成果的产出再到经济效益的实现，存在一定的时间滞后性[13]，因此，采取以下方法对指标数据进行处理：从 2010 年开始，选取 3 年为一个阶梯，按照企业研发活动二阶段流程顺序依次逐年递推，每个阶段的投入与产出指标数据依靠 3 年平均值来进行描述，即 X_1^k、X_2^k 取企业 2011—2013 年数据的算术平均值，Z_1^k、Z_2^k 取企业 2012—2014 年数据的算术平均值，Y_1^k、Y_2^k、Y_3^k 取企业 2013—2015 年数据的算术平均值。由于存在经济效益指标，有负值，再对各指标下的数据进行标准化变换，即指标值 =（初始数据 – 同类指标下极小值）/（同类指标下极大值 – 同类指标下极小值）。需要说明的是，经济效益指标下的企业基础数据在选取过程中由于受到一些局限性的影响，推算可能存在少量偏差，但由于对基础数据做了标准化变换，因此受偏差影响较小。

（2）指标计算

表 3.4 中部分指标计算公式如下。

$$研发经费投入强度\ X_1^k = \frac{研发支出}{主营业务收入}。$$

其中，企业年报没有列示研发支出的按合并财务报表中"支付的其他与经营活动有关的现金——技术开发费、研究与开发费用、新产品开发费"等相关数据索取。

$$研发人员投入强度\ X_2^k = 企业研发人员占企业职工总数的比重 = \frac{技术人员}{员工总数}。$$

$$企业技术资产比率\ Z_1^k = \frac{反映企业技术资产的无形资产期末账面价值}{资产总额}。$$

反映企业技术资产的无形资产为无形资产期末账面价值扣除土地使用权的取值。

$$基于研发的业务成本减少率\ Y_1^k = \frac{本期主营业务成本减少额}{上期主营业务成本}。$$

$$基于研发的业务收入增加率\ Y_2^k = \frac{本期主营业务收入增加额}{上期主营业务收入}。$$

$$基于研发的业务利润率\ Y_3^k = \frac{本期主营业务利润}{本期本营业务收入}。$$

3. 基于二阶段网络 DEA 模型的测算

（1）指标数据整理

根据上述数据处理方法及指标数据计算公式，计算样本上市公司投入产出指标值，结果如表 3.5 所示。

表 3.5　26 家上市公司投入产出指标数据整理结果

公司	X_1^k	X_2^k	Z_1^k	Z_2^k	Y_1^k	Y_2^k	Y_3^k
晋西车轴	0.2217	0.3520	0.0106	0.0000	0.7697	0.2027	0.2999
跨境通	0.0491	0.3497	0.0000	0.0091	0.0000	1.0000	0.7452
潞安环能	0.2603	0.5848	0.3369	0.6308	0.7934	0.1287	0.5015
阳煤化工	0.0137	0.1450	0.0360	0.0038	0.8112	0.1634	0.2516
安泰集团	0.0085	0.2924	0.0085	0.0355	0.8339	0.1101	0.2094
阳泉煤业	0.7070	0.0000	0.0169	0.3978	0.8381	0.0835	0.3644
永泰能源	1.0000	0.7702	0.0000	1.0000	0.5401	0.3204	0.5400

续表

公司	X_1^k	X_2^k	Z_1^k	Z_2^k	Y_1^k	Y_2^k	Y_3^k
太钢不锈	0.5533	0.8135	1.0000	0.0078	0.8037	0.1678	0.2328
英洛华	0.2289	0.5936	0.0127	0.0358	0.7396	0.2383	0.3021
太原重工	0.4526	0.5211	0.6250	0.0000	0.7957	0.1967	0.3584
山西汾酒	0.0131	0.1287	0.0519	0.0091	0.7548	0.1844	1.0000
盛和资源	0.0026	1.0000	0.0011	0.0006	0.4963	0.3566	0.3609
亚宝药业	0.2073	0.4784	0.0265	0.0217	0.7082	0.2533	0.7508
煤气化	0.0765	0.6830	0.7797	0.5366	0.7298	0.1482	0.0000
兰花科创	0.0798	0.4708	0.0678	0.4581	0.7612	0.6693	0.7552
五矿稀土	0.0209	0.4170	0.0000	0.0075	1.0000	0.0000	0.3816
南风化工	0.0085	0.1971	0.0275	0.0138	0.7542	0.2192	0.4092
山西三维	0.0889	0.2795	0.0053	0.0148	0.6871	0.2741	0.1722
狮头股份	0.0000	0.3667	0.0000	0.0038	0.0044	0.7560	0.3389
山西焦化	0.0059	0.2749	0.0151	0.0000	0.7783	0.1714	0.1921
大同煤业	0.1334	0.1433	0.0000	0.4628	0.8251	0.1523	0.5856
西山煤电	0.0615	0.1626	0.0477	0.1695	0.8149	0.1685	0.8236
山煤国际	0.0700	0.3170	0.0000	0.4609	0.8577	0.1231	0.2181
同德化工	0.1295	0.7433	0.0127	0.0097	0.7123	0.2923	0.6923
振东制药	0.2354	0.1497	0.0095	0.0138	0.5812	0.3306	0.7123
仟源医药	0.9235	0.5784	0.0060	0.1862	0.6412	0.3642	0.9737

（2）模型测算

根据表 3.5 所列数据，利用 MaxDEA Basic 6.13 软件对模型进行测算，输出二阶段效率值结果分别如表 3.6、表 3.7 所示（综合效率/纯技术效率 = 规模效率）。

表 3.6　26 家上市公司研发阶段效率值结果

公司	综合效率	纯技术效率	规模效率	规模收益
晋西车轴	0.0246	0.2001	0.1231	递增
跨境通	0.0271	0.2241	0.1211	递增

续表

公司	综合效率	纯技术效率	规模效率	规模收益
潞安环能	0.7024	1.0000	0.7024	递减
阳煤化工	0.2574	0.8611	0.2989	递增
安泰集团	0.5737	0.9458	0.6066	递增
阳泉煤业	1.0000	1.0000	1.0000	不变
永泰能源	0.3778	1.0000	0.3778	递减
太钢不锈	1.0000	1.0000	1.0000	不变
英洛华	0.0363	0.1182	0.3071	递增
太原重工	0.9722	0.9968	0.9753	递增
山西汾酒	0.3895	1.0000	0.3895	递增
盛和资源	0.0397	0.2110	0.1883	递增
亚宝药业	0.0481	0.1460	0.3294	递增
煤气化	1.0000	1.0000	1.0000	不变
兰花科创	0.8544	0.8779	0.9733	递减
五矿稀土	0.0505	0.2855	0.1770	递增
南风化工	0.3179	1.0000	0.3179	递增
山西三维	0.0350	0.2844	0.1230	递增
狮头股份	1.0000	1.0000	1.0000	不变
山西焦化	0.2526	0.8775	0.2878	递增
大同煤业	1.0000	1.0000	1.0000	不变
西山煤电	0.6196	0.8524	0.7269	递增
山煤国际	1.0000	1.0000	1.0000	不变
同德化工	0.0153	0.0937	0.1629	递增
振东制药	0.0556	0.5128	0.1085	递增
仟源医药	0.0936	0.1135	0.8244	递增
均值	0.4517	0.6769	0.5431	—

表 3.7　26 家上市公司技研发成果转化阶段效率值结果

公司	综合效率	纯技术效率	规模效率	规模收益
晋西车轴	1.0000	1.0000	1.0000	不变
跨境通	0.9100	1.0000	0.9100	递减
潞安环能	0.0037	0.7459	0.0049	递减
阳煤化工	0.1580	0.9755	0.1620	递减
安泰集团	0.1041	0.8427	0.1235	递减
阳泉煤业	0.0142	0.7358	0.0194	递减
永泰能源	0.0078	0.7483	0.0104	递减
太钢不锈	0.0103	0.9406	0.0110	递减
英洛华	0.0762	0.9047	0.0842	递减
太原重工	0.0203	1.0000	0.0203	递减
山西汾酒	0.1596	1.0000	0.1596	递减
盛和资源	1.0000	1.0000	1.0000	不变
亚宝药业	0.0785	0.9311	0.0844	递减
煤气化	0.0019	0.5653	0.0034	递减
兰花科创	0.0140	1.0000	0.0140	递减
五矿稀土	1.0000	1.0000	1.0000	不变
南风化工	0.0672	0.9324	0.0720	递减
山西三维	0.1706	0.9094	0.1876	递减
狮头股份	1.0000	1.0000	1.0000	不变
山西焦化	0.7071	1.0000	0.7071	递减
大同煤业	0.0199	1.0000	0.0199	递减
西山煤电	0.0299	0.9931	0.0301	递减
山煤国际	0.0153	0.9617	0.0160	递减
同德化工	0.1529	1.0000	0.1529	递减
振东制药	0.1787	1.0000	0.1787	递减
仟源医药	0.0601	1.0000	0.0601	递减
均值	0.2677	0.9302	0.2704	—

（三）研发效率评价

1. 研发效率值分析及评价

从表3.6、表3.7中的数据均值可以看出，山西省26家上市公司的两个阶段综合效率整体上均处于较低水平，尤其是研发成果转化阶段综合效率水平更为低下。由于综合效率值等于技术效率和规模效率的乘积，因此研发阶段和研发成果转化阶段都有由于规模效率水平导致了综合效率水平不高。从各决策单元来看，研发阶段只有6家公司达到了DEA有效，研发成果转化阶段DEA有效的只有4家公司，而只有1家公司在两个阶段均达到了DEA有效，而从数值上来看，这些家公司的专利数量和技术资产所占比率也并不高。说明山西省大部分企业存在着不同程度上的研发资源浪费，科技研发水平和质量有明显的上升空间。

为了更好地显示26家公司两个阶段的综合效率值分布状态，又将表3.6、表3.7的数据依据不同层次进行了统计分析，结果如表3.8所示。其中，在研发阶段综合效率值呈现两极分布，在0.8~1和0~0.2的效率值占比最多，分别为30.77%和38.46%，这反映出山西省的各上市公司在专利、技术资产产出方面存在着较大的差距。在研发成果转化阶段综合效率值以处在0~0.2的值占比庞大，这显示出山西省上市公司的研发活动和经济效益之间普遍存在较大偏差。

表3.8　26家上市公司二阶段效率值分布

指标	研发阶段效率值比率	技术成果转化段效率值比率
$0.8 < E \leqslant 1$	30.77%	19.23%
$0.4 < E \leqslant 0.8$	11.54%	3.85%
$0.2 < E \leqslant 0.4$	19.23%	0.00%
$0 \leqslant E \leqslant 0.2$	38.46%	76.92%

从表3.6、表3.7的规模收益来看，研发阶段有6家公司处于规模收益不变状态，体现了资源投入的合理配置。有3家公司处于规模递减状态，所占比例最小，表明了这些企业存在资源盲目投入的现象，致使技术专利的产出程度小于投入增加的程度，导致了稀缺资源的浪费，但是浪费现象不明显，这些企业应该优化资源配置，并同时提高研发人员科技水平，从投入和

技能两方面来提升研发阶段转化率。对于处在规模递增状态的 17 家公司来说，虽然在技术专利产出方面体现了资源投入的合理使用，但是存在投入明显不足的现象，应合理的增加既定投入，以提高研发阶段的效率水平和质量。在研发成果转化阶段，26 家上市公司中除了 4 家为规模收益不变外，其余全为规模递减，这明显体现了山西省企业普遍存在研发活动的盲目性，科技研发不能有效配合企业的经营活动，这导致了企业研发活动的技术成果不能在最大程度上实现它们的社会经济价值。

2. 投影分析及数值改进

投影分析是通过 DEA 模型所计算出来的效率值为非 DEA 有效时，通过构造一个新的评价单元，使得新的评价单元为 DEA 有效[14]。表 3.9、表 3.10 为从投入、产出两个方面对 26 家上市公司二阶段指标效率值的投影分析结果，以期为各公司的研发效率改进提出数据化建议。其中，对于投入的改进值用负数表示，产出的改进值用正数表示。

表 3.9　26 家上市公司研发阶段指标改进值

公司	$M(X_1^k)$	$M(X_2^k)$	$M(Z_1^k)$	$M(Z_2^k)$
晋西车轴	− 0.2111	− 0.3351	0.0101	0.0000
跨境通	− 0.0465	− 0.3312	0.0000	0.0086
潞安环能	− 0.0455	− 0.1022	0.0589	0.1103
阳煤化工	− 0.0081	− 0.0857	0.0213	0.0022
安泰集团	− 0.0023	− 0.0792	0.0023	0.0096
阳泉煤业	0.0000	0.0000	0.0000	0.0000
永泰能源	− 0.4516	− 0.3478	0.0000	0.4516
太钢不锈	0.0000	0.0000	0.0000	0.0000
英洛华	− 0.2129	− 0.5520	0.0118	0.0333
太原重工	− 0.0064	− 0.0074	0.0088	0.0000
山西汾酒	− 0.0057	− 0.0565	0.0228	0.0040
盛和资源	− 0.0024	− 0.9236	0.0010	0.0006
亚宝药业	− 0.1883	− 0.4345	0.0241	0.0197
煤气化	0.0000	0.0000	0.0000	0.0000
兰花科创	− 0.0063	− 0.0369	0.0053	0.0360

续表

公司	M (X_1^k)	M (X_2^k)	M (Z_1^k)	M (Z_2^k)
五矿稀土	− 0.0189	− 0.3768	0.0000	0.0068
南风化工	− 0.0044	− 0.1020	0.0143	0.0071
山西三维	− 0.0829	− 0.2606	0.0049	0.0138
狮头股份	0.0000	0.0000	0.0000	0.0000
山西焦化	− 0.0035	− 0.1640	0.0090	0.0000
大同煤业	0.0000	0.0000	0.0000	0.0000
西山煤电	− 0.0144	− 0.0382	0.0112	0.0398
山煤国际	0.0000	0.0000	0.0000	0.0000
同德化工	− 0.1256	− 0.7209	0.0123	0.0094
振东制药	− 0.2106	− 0.1339	0.0085	0.0124
仟源医药	− 0.7655	− 0.4794	0.0050	0.1543

表 3.10 26 家上市公司研发成果转化阶段指标改进值

公司	M (Z_1^k)	M (Z_2^k)	M (Y_1^k)	M (Y_2^k)	M (Y_3^k)
晋西车轴	0.0000	0.0000	0.0000	0.0000	0.0000
跨境通	0.0000	− 0.0004	0.0000	0.0471	0.0351
潞安环能	− 0.3344	− 0.6261	0.7876	0.1278	0.4978
阳煤化工	− 0.0262	− 0.0027	0.5898	0.1188	0.1829
安泰集团	− 0.0069	− 0.0288	0.6767	0.0893	0.1699
阳泉煤业	− 0.0165	− 0.3866	0.8146	0.0811	0.3542
永泰能源	0.0000	− 0.9846	0.5317	0.3155	0.5317
太钢不锈	− 0.9796	− 0.0077	0.7873	0.1644	0.2280
英洛华	− 0.0109	− 0.0307	0.6349	0.2046	0.2593
太原重工	− 0.6002	0.0000	0.7641	0.1889	0.3442
山西汾酒	− 0.0376	− 0.0066	0.5471	0.1336	0.7248
盛和资源	0.0000	0.0000	0.0000	0.0000	0.0000
亚宝药业	− 0.0226	− 0.0185	0.6050	0.2164	0.6414
煤气化	− 0.7766	− 0.5345	0.7269	0.1476	0.0000

公司	$M(Z_1^k)$	$M(Z_2^k)$	$M(Y_1^k)$	$M(Y_2^k)$	$M(Y_3^k)$
兰花科创	-0.0659	-0.4455	0.7402	0.6509	0.7344
五矿稀土	0.0000	0.0000	0.0000	0.0000	0.0000
南风化工	-0.0241	-0.0121	0.6592	0.1916	0.3577
山西三维	-0.0038	-0.0105	0.4868	0.1942	0.1220
狮头股份	0.0000	0.0000	0.0000	0.0000	0.0000
山西焦化	-0.0026	0.0000	0.1335	0.0294	0.0330
大同煤业	0.0000	-0.4447	0.7928	0.1464	0.5628
西山煤电	-0.0449	-0.1597	0.7675	0.1587	0.7758
山煤国际	0.0000	-0.4470	0.8318	0.1194	0.2115
同德化工	-0.0093	-0.0072	0.5234	0.2148	0.5087
振东制药	-0.0067	-0.0096	0.4050	0.2303	0.4963
仟源医药	-0.0054	-0.1651	0.5685	0.3230	0.8633

四、山西省上市公司研发效率提升策略

1. 增加研发投入，优化研发模式

通过对以上数据分析显示，以 26 家上市公司为代表的山西省企业研发活动，普遍存在人员与经费投入不足的情况。《中国科技统计年鉴 2015》数据中 2014 年山西省来源于企业的研发经费投入仅排在全国第 18 位。因此，山西省提高整体研发效率的基础条件是增加研发投入，一方面政府要注重对企业的扶持力度，尤其是高科技产业企业；另一方面政府、企业均要注重研发人才的引进以及现有员工的研发培训和技术深造。但是，投入的增加不是意味着无限制的投入人力和物力，更重要的是优化现有的研发模式，在资金投入前，应根据发展需要编制详细的研发活动预算，不能概括而论，并在研发过程中严格监控资金流向，做及时的反馈，减少资源流失和浪费，使得研发投入和研发阶段转化率以合理的比例增长。

2. 改善经营模式，提高企业研发成果转化率

只有将技术成果转化为经济效益，才能体现研发活动的价值所在。企业

进行研发活动的终极目标是提高企业的利润率，为企业所在的社会环境创造经济价值。根据以上数据，在研发成果转化阶段，以 26 家上市公司为代表的山西省企业由于受到规模收益的影响，导致综合效率低下，因此，山西省的企业更应该致力于提高技术成果转化效率。其中较为有效的方式就是让技术成果的研发人员利用其技术优势，适时跟进产品的投产与销售，而不是用部门分离技术人员和销售人员。另外，对企业的生产和销售人员进行全员的技术培训，使其深入了解技术、产品，这也有助于技术成果的经济效益转化。

3. 注重技术成果的市场价值，改善研发活动的盲目性

随着近年来国家政策的不断出台，许多企业为获得政府补助，而纷纷开展盲目的研发活动，因此虽然在研发阶段有着较高的效率，但是由于其偏离市场需求，而降低了经济价值的获得率，使得很多研发成果没有实际的利用价值，其实也是造成了一种研发资源的浪费。通过以上数据显示，在山西省企业中就普遍存在这种问题，在研发成果转化阶段，有绝大部分企业都处在规模递减的状态，而由此造成的低规模效率，直接影响了企业整体的综合效率，从而制约了整个山西省的研发效率的提升。面对这种情况，政府在补助政策的制定上要以市场的需求为中心，注重企业技术研发成果获得的经济价值。以上市公司为代表的企业也更应该以市场需求为导向，以获得更多的社会经济价值为目标而开展有效的研发活动，改善其盲目性，减少资源投入的浪费。

平台篇

第四章　山西省产学研研发实证分析

产业技术研发创新的公共服务平台由许多要素构成，这些要素分为创新主体要素和创新辅体要素，本章对主体要素即产学研主体进行实证分析，下一章讨论其他要素。

一、研究模型

研发效率的衡量可以通过投入和产出两个角度来反映。从投入的角度来看，在产出既定的情况下，用研发活动资源投入最小化的程度来衡量；从产出的角度来分析，在投入既定的情况下，用研发活动产出成果最大化的程度来衡量，即通过投入导向型模型和产出导向型模型来实现。本书参考 C Kao 和 S N Hwang 提出的二阶段网络 DEA 模型，将山西省研发活动划分为研发阶段和研发成果转化两个阶段。

本书视每个省份为一个生产系统，即假设有 n 个生产系统，每个生产系统视为一个生产决策单元（DMU），第 k 个生产决策单元 DMU_k（$k=1$，2，$\cdots$，n）的第一阶段的投入和产出分别为：X_i^k（$i=1$，2）和 Z_r^k（$r=1$，2，3），第二阶段的投入与第一阶段的产出相同，产出为 Y_j^k（$j=1$，2），其中模型中 i、r、j 的取值范围均按照指标体系中最多指标数量取值。

在模型的选择上为了满足第一阶段的投入与第二阶段的产出相同的假设，本书采用投入导向型模型测算第一阶段数值，采用产出导向型模型测算第二阶段数值，因此，假设构建的模型满足 Z_r^k（$r=1$，2，3）处在两个阶段的权重是相同的，同时全过程满足累计的产出小于等于累计投入。

数据包络分析中的投入导向型 CCR 模型，是一种基于规模收益不变的假设，依此计算出的效率不能够反映规模效应带来的影响，计算出的效率值为综合效率值。但实际应用中，区域的研发活动所涉及范围很广、资源需求很多，很难避免规模效益的影响。因此本书分别用 CCR 模型和 BCC 模型计算样本的综合效率值和去除规模效益影响的纯技术效率，最后根据"综合效率/纯技术效率＝规模效率"来评价规模效率对研发效率的影响。

二、数据来源与数据处理

1. 数据来源

本书评价山西省研发效率除了需要获得自身研发效率值之外，还要对比全国其他省份研发效率情况，与其他省份的研发效率作比较并找到差距。因此，本书根据已建立起的指标体系，选取全国 30 个省份为样本（为了保证指标数据的完整性、可参考性，本书剔除了数据统计不全面的西藏），选取2010—2014 年原始数据来评价，依此计算其指标初始值。原始数据来源于2011—2015 年中国科技统计年鉴。本书所选取的每一个省份为 DEA 的一个决策单元，因此本书模型中有 30 个决策单元，并满足了"决策单元的数量不少于投入和产出指标数量的乘积，同时不少于投入和产出指标数量的 3倍"的原则[39]。因此，可以得到较好的效率值结果，对各省份研发效率的评价真实可靠。

2. 数据处理

考虑到从研发阶段的投入到研发成果的产出再到经济效益的实现，存在一定的时间滞后性，因此，本书采取以下方法对指标数据进行处理：从 2010 年开始，选取 3 年为一个阶梯，按照研发活动二阶段流程顺序依次逐年递推，每个阶段的投入与产出指标数据依靠 3 年算术平均值来进行描述，全国 30 个省份研发效率初始数据处理方式如表 4.1 所示，研究与开发机构、高等学校以及规模以上工业企业研发效率初始数据处理方式如表 4.2 至表 4.4 所示。

表 4.1 初始数据处理方式

数据处理	指标	单位	表示
2010—2012 年原始数据算术平均值	研发经费内部支出	亿元	X_1^k
	研发人员全时当量	万人年	X_2^k
2011—2013 年原始数据算术平均值	国外主要检索工具收录的科技论文	篇	Z_1^k
	出版科技著作	种	Z_2^k
	专利申请授权数	件	Z_3^k
2012—2013 年原始数据算术平均值	技术市场交易额	亿元	Y_1^k
	规模以上工业企业新产品销售收入	亿元	Y_2^k

表 4.2　研究与开发机构初始数据处理方式

数据处理	指标	单位	表示
2010—2012 年原始数据算术平均值	研发经费内部支出	亿元	X_1^k
	研发人员全时当量	万人年	X_2^k
2011—2013 年原始数据算术平均值	发表科技论文	篇	Z_1^k
	出版科技著作	种	Z_2^k
	专利申请数	件	Z_3^k
2012—2013 年原始数据算术平均值	专利所有权转让及许可收入	万元	Y_1^k

表 4.3　高等学校初始数据处理方式

数据处理	指标	单位	表示
2010—2012 年原始数据算术平均值	研发经费内部支出	亿元	X_1^k
	研发人员全时当量	万人年	X_2^k
2011—2013 年原始数据算术平均值	发表科技论文	篇	Z_1^k
	出版科技著作	种	Z_2^k
	专利申请数	件	Z_3^k
2012—2013 年原始数据算术平均值	专利所有权转让及许可收入	万元	Y_1^k

表 4.4　规模以上工业企业初始数据处理方式

数据处理	指标	单位	表示
2010—2012 年原始数据算术平均值	研发经费内部支出	亿元	X_1^k
	研发人员全时当量	万人年	X_2^k
2011—2013 年原始数据算术平均值	专利申请数	篇	Z_1^k
2012—2013 年原始数据算术平均值	规模以上工业企业新产品销售收入	亿元	Y_1^k

3. 初始数据

根据以上原始数据处理原则，用 Excel 软件整理出山西省全省及从事研发活动的 3 种主体与全国其他省份进行研发活动的二阶段模型测算分析的初始数据结果，如表 4.5 至表 4.8 所示。

表 4.5 二阶段模型测算初始数据

省份	X_1^k 研发经费内部支出/亿元	X_2^k 研发人员全时当量/万人年	Z_1^k 国外检索收录的科技论文/篇	Z_2^k 出版科技著作/种	Z_3^k 专利申请授权数/件	Y_1^k 技术市场交易额/亿元	Y_2^k 规上企业新产品销售收入/亿元
北京	940.61	21.55	63 488.00	7343.33	51 356.67	2815.80	3745.80
天津	295.94	7.42	10 172.67	875.00	19 540.00	299.02	5231.63
河北	200.85	7.13	5462.33	872.33	14 873.33	32.87	2902.57
山西	111.87	4.69	3095.00	641.33	6911.67	43.95	960.11
内蒙古	83.45	2.81	1084.67	490.33	3060.67	52.93	589.11
辽宁	347.39	8.43	15 355.67	2516.00	20 685.00	207.17	3774.58
吉林	91.58	4.67	9585.33	1036.67	5689.67	29.47	1506.99
黑龙江	132.59	6.45	11 953.33	1489.33	17 441.00	107.50	558.43
上海	586.29	14.56	30 153.33	2982.33	49 382.67	547.63	7845.08
江苏	1070.44	35.35	32 295.00	2644.00	236 467.67	490.52	20 366.85
浙江	604.97	25.18	17 913.33	1686.33	173 667.67	83.35	14 224.64
安徽	220.05	8.28	8917.67	1188.33	41 617.00	128.94	4463.94
福建	221.13	9.60	5928.67	758.00	19 955.00	44.66	3414.32
江西	99.19	3.68	3432.67	597.67	7835.00	44.53	1575.48
山东	845.57	22.43	15 278.00	1768.33	70 438.67	189.57	13 917.73
河南	262.15	11.59	7415.67	1930.00	25 177.33	40.32	4178.87
湖北	323.88	11.15	17 315.33	2428.33	24 090.00	391.56	4542.49
湖南	235.82	8.62	13 100.00	1581.67	21 222.67	72.46	5601.33
广东	1030.13	41.59	16 575.33	2122.00	150 813.67	435.86	17 909.97
广西	80.35	3.85	2378.00	633.00	6062.00	7.15	1390.65
海南	10.37	0.57	470.33	395.00	1063.00	1.70	147.62
重庆	129.47	4.13	7412.33	1080.67	20 239.00	100.17	2912.27
四川	303.08	8.81	14 225.33	1389.00	38 945.00	152.96	2427.72
贵州	36.00	1.66	899.67	380.67	5786.67	16.04	386.66
云南	56.33	2.52	3145.00	913.67	5618.67	45.13	469.49
陕西	251.35	7.64	19 254.67	1379.67	15 802.00	502.71	1004.61

省份	X_1^k 研发经费内部支出/亿元	X_2^k 研发人员全时当量/万人年	Z_1^k 国外检索收录的科技论文/篇	Z_2^k 出版科技著作/种	Z_3^k 专利申请授权数/件	Y_1^k 技术市场交易额/亿元	Y_2^k 规上企业新产品销售收入/亿元
甘肃	50.31	2.24	4960.00	746.33	3594.00	95.86	644.43
青海	11.88	0.50	178.33	109.33	522.33	25.10	10.50
宁夏	15.02	0.73	253.67	111.00	889.33	2.51	218.85
新疆	33.13	1.52	1170.67	348.67	3693.00	3.74	371.05
均值	289.37	9.64	11 429.00	1414.61	35 414.68	233.71	4243.13

表 4.6　研究与开发机构二阶段模型测算初始数据

省份	X_1^k 研发经费内部支出/亿元	X_2^k 研发人员全时当量/万人年	Z_1^k 国外检索收录的科技论文/篇	Z_2^k 出版科技著作/种	Z_3^k 专利申请授权数/件	Y_1^k 技术市场交易额/亿元
北京	441.52	8.49	49 735.00	1856.00	9452.00	18 391.40
天津	26.41	0.72	2730.33	64.00	718.00	728.67
河北	24.13	0.66	2363.67	96.00	347.00	404.33
山西	10.80	0.56	2545.00	77.00	412.33	271.67
内蒙古	5.96	0.31	1017.00	22.00	115.33	0.00
辽宁	47.74	1.21	4993.00	97.67	1517.00	4909.10
吉林	20.98	0.66	4550.67	90.67	706.00	226.57
黑龙江	14.55	0.71	3369.67	80.67	413.67	3.67
上海	139.97	2.52	9141.67	203.00	2922.67	5614.90
江苏	82.40	1.71	9226.00	160.00	1837.67	1204.33
浙江	18.42	0.47	4238.00	142.33	764.00	1272.87
安徽	23.51	0.69	2904.67	37.33	751.33	1714.67
福建	7.53	0.28	3151.67	53.00	389.33	427.40
江西	8.90	0.47	1624.67	54.33	153.00	26.00
山东	32.14	1.00	7097.33	186.67	1172.33	748.83

续表

省份	X_1^k 研发经费内部支出/亿元	X_2^k 研发人员全时当量/万人年	Z_1^k 国外检索收录的科技论文/篇	Z_2^k 出版科技著作/种	Z_3^k 专利申请授权数/件	Y_1^k 技术市场交易额/亿元
河南	28.23	1.00	3598.33	120.00	594.00	390.33
湖北	45.73	1.32	5453.00	143.33	1138.00	303.80
湖南	16.42	0.69	1644.67	59.33	398.33	302.17
广东	30.43	0.90	6900.67	157.33	1558.00	1057.83
广西	10.43	0.38	2912.67	56.67	249.00	11.00
海南	3.53	0.11	1291.67	47.00	178.67	0.00
重庆	14.27	0.37	1581.67	42.33	320.00	933.50
四川	135.31	2.09	6010.33	120.33	1317.67	502.53
贵州	3.33	0.22	1655.00	19.33	151.00	22.00
云南	15.67	0.53	3354.67	120.33	275.67	78.33
陕西	116.29	2.62	5688.67	76.67	1813.00	1013.00
甘肃	14.37	0.60	4023.00	100.00	417.33	2337.67
青海	1.45	0.07	572.00	39.00	75.67	22.33
宁夏	0.67	0.04	423.00	14.67	19.33	16.67
新疆	5.70	0.31	3037.33	104.33	319.00	69.43
均值	44.89	1.06	5227.83	148.04	1016.54	1433.50

表 4.7 高等学校二阶段模型测算初始数据

省份	X_1^k 研发经费内部支出/亿元	X_2^k 研发人员全时当量/万人年	Z_1^k 国外检索收录的科技论文/篇	Z_2^k 出版科技著作/种	Z_3^k 专利申请授权数/件	Y_1^k 技术市场交易额/亿元
北京	123.49	3.05	111 669.00	5487.33	15 306.00	12 911.17
天津	32.43	0.92	24 488.00	811.00	3763.33	1116.67
河北	8.49	0.78	31 550.00	776.33	1436.00	1676.87
山西	7.45	0.60	14 059.33	564.33	863.67	344.50
内蒙古	3.02	0.38	12 862.00	468.33	190.00	20.00

续表

省份	X_1^k 研发经费 内部支出 /亿元	X_2^k 研发人员 全时当量 /万人年	Z_1^k 国外检索收 录的科技论 文/篇	Z_2^k 出版科技 著作/种	Z_3^k 专利申请 授权数/件	Y_1^k 技术市场交 易额/亿元
辽宁	31.44	1.58	50 774.00	2418.33	5007.67	1100.60
吉林	17.24	1.49	27 344.33	946.00	1529.67	428.43
黑龙江	27.78	1.36	36 767.00	1408.67	4768.00	847.80
上海	54.11	2.12	71 745.67	2779.33	9891.00	3502.23
江苏	63.28	1.94	101 257.00	2484.00	22 158.00	7310.33
浙江	40.03	1.31	44 878.33	1544.00	10 629.33	1135.03
安徽	19.60	1.07	35 862.67	1151.00	2536.00	1556.59
福建	7.47	0.61	18 927.00	705.00	1920.67	798.80
江西	7.99	0.49	23 896.67	543.33	1523.33	130.50
山东	24.42	1.56	48 539.33	1581.67	5167.67	1447.43
河南	11.84	0.62	46 586.67	1810.00	2172.00	1435.50
湖北	38.29	1.46	70 824.67	2285.00	4614.33	2585.76
湖南	22.70	1.22	46 466.33	1522.33	2868.00	2159.93
广东	37.20	1.73	63 200.67	1964.67	5169.00	2554.60
广西	6.98	1.01	24 436.67	576.33	1400.00	404.47
海南	1.06	0.07	4449.67	348.00	100.33	0.00
重庆	14.40	0.67	29 548.33	1038.33	2262.33	589.30
四川	39.94	1.41	55 472.33	1268.67	3468.67	1743.43
贵州	3.61	0.31	13 824.33	361.33	329.67	129.50
云南	5.82	0.50	19 277.00	793.33	1206.33	154.93
陕西	27.89	1.00	51 676.67	1303.00	6271.67	979.10
甘肃	6.73	0.30	16 195.00	646.33	632.67	43.43
青海	0.76	0.06	2494.00	70.33	19.33	0.00
宁夏	0.98	0.13	5955.00	96.33	55.33	1.00
新疆	2.22	0.29	12 219.33	244.33	199.00	31.00
均值	22.95	1.00	37 241.59	1266.57	3915.30	1571.30

表 4.8　规模以上工业企业二阶段模型测算初始数据

省份	X_1^k 研发经费内部 支出/亿元	X_2^k 研发人员全时 当量/万人年	Z_1^k 国外检索收录 科技论文/篇	Y_1^k 技术市场交 易额/亿元
北京	156.11	4.42	17 480.00	3745.80
天津	201.96	4.56	13 788.00	5231.63
河北	154.87	4.84	7594.33	2902.57
山西	88.04	3.13	3898.67	960.11
内蒙古	67.81	1.78	1654.00	589.11
辽宁	251.84	4.80	9983.00	3774.58
吉林	48.28	2.06	2248.33	1506.99
黑龙江	82.42	3.61	3595.33	558.43
上海	317.67	7.29	23 325.33	7845.08
江苏	843.85	27.70	83 719.00	20 366.85
浙江	446.95	18.32	65 759.00	14 224.64
安徽	158.61	5.46	26 262.67	4463.94
福建	182.89	6.99	14 971.00	3414.32
江西	76.17	2.21	3423.67	1575.48
山东	725.22	16.84	34 093.00	13 917.73
河南	203.76	8.82	12 363.00	4178.87
湖北	205.66	6.54	12 935.33	4542.49
湖南	174.88	5.42	15 478.67	5601.33
广东	868.06	34.33	85 436.33	17 909.97
广西	54.93	1.76	3187.33	1390.65
海南	5.14	0.17	585.67	147.62
重庆	92.91	2.70	10 042.00	2912.27
四川	109.22	4.07	11 691.67	2427.72
贵州	26.94	1.01	2758.00	386.66
云南	28.81	1.01	2308.33	469.49
陕西	95.66	3.18	5706.00	1004.61
甘肃	26.81	0.98	1735.33	644.43
青海	7.55	0.19	239.00	10.50

省份	X_1^k 研发经费内部 支出/亿元	X_2^k 研发人员全时 当量/万人年	Z_1^k 国外检索收录 科技论文/篇	Y_1^k 技术市场交 易额/亿元
宁夏	11.19	0.35	882.33	218.85
新疆	22.13	0.63	1819.33	371.05
均值	191.21	6.17	15 965.46	4243.13

三、山西省产学研研发效率与其他省份比较研究

根据数据处理所整理出的模型测算初始数据，利用 MaxDEA Basic 6.13 软件按照以下方式分别选择投入导向和产出导向模型对研发阶段和研发成果转化阶段进行模型测算。以计算二阶段模型测算初始数据（表4.5）为例，研究与开发机构、高等学校和规模以上工业企业研发效率的测算类同。

综合效率是由纯技术效率和规模效率两部分组成，综合效率＝纯技术效率×规模效率。纯技术效率是企业由于管理和技术等因素影响的生产效率，规模效率是由于企业规模因素影响的生产效率。

（一）山西省与全国其他省份二阶段研发效率值结果

将 MaxDEA Basic 6.13 软件对模型进行测算后输出的结果按综合效率值高低进行排序，以此来衡量山西省全省以及3种从事研发活动的主体的两个阶段研发效率在全国范围内的排名情况。

1. 全国30个省份的二阶段效率分析结果

全国30个省份的研发阶段效率和研发成果转化阶段效率结果分别如表4.9、表4.10所示。

表4.9　全国30个省份研发阶段效率结果

排名	省份	综合效率	纯技术效率	规模效率	规模收益
1	北京	1.0000	1.0000	1.0000	不变
2	吉林	1.0000	1.0000	1.0000	不变
3	黑龙江	1.0000	1.0000	1.0000	不变

续表

排名	省份	综合效率	纯技术效率	规模效率	规模收益
4	江苏	1.0000	1.0000	1.0000	不变
5	浙江	1.0000	1.0000	1.0000	不变
6	海南	1.0000	1.0000	1.0000	不变
7	重庆	1.0000	1.0000	1.0000	不变
8	甘肃	1.0000	1.0000	1.0000	不变
9	陕西	0.9890	1.0000	0.9890	递减
10	四川	0.9010	0.9056	0.9949	递减
11	上海	0.8974	0.9005	0.9966	递减
12	安徽	0.8775	0.8827	0.9941	递减
13	云南	0.8330	1.0000	0.8330	递减
14	辽宁	0.8025	0.8806	0.9113	递减
15	湖南	0.7530	0.7558	0.9963	递减
16	湖北	0.7195	0.8203	0.8771	递减
17	贵州	0.7177	0.7500	0.9569	递增
18	新疆	0.6495	0.6974	0.9312	递增
19	天津	0.6379	0.6444	0.9899	递增
20	广东	0.5432	0.5749	0.9448	递减
21	江西	0.5416	0.5541	0.9775	递增
22	河南	0.5302	0.7946	0.6672	递减
23	山东	0.5294	0.5379	0.9841	递减
24	广西	0.4736	0.5051	0.9377	递减
25	河北	0.4615	0.4618	0.9994	递增
26	福建	0.4508	0.4576	0.9850	递增
27	山西	0.4216	0.4220	0.9991	递增
28	青海	0.3782	1.0000	0.3782	递增
29	宁夏	0.3515	0.7531	0.4667	递增
30	内蒙古	0.3417	0.3543	0.9645	递减
—	均值	0.7267	0.7884	0.9258	—

表 4.10 全国 30 个省份研发成果转化阶段效率结果

排名	省份	综合效率	纯技术效率	规模效率	规模收益
1	宁夏	1.0000	1.0000	1.0000	不变
2	青海	1.0000	1.0000	1.0000	不变
3	广东	1.0000	1.0000	1.0000	不变
4	天津	1.0000	1.0000	1.0000	不变
5	北京	1.0000	1.0000	1.0000	不变
6	山东	1.0000	1.0000	1.0000	不变
7	浙江	0.9994	1.0000	0.9994	递增
8	内蒙古	0.9970	1.0000	0.9970	递减
9	吉林	0.9893	0.9986	0.9906	递增
10	湖南	0.9858	1.0000	0.9858	递减
11	陕西	0.9550	0.9789	0.9757	递增
12	江苏	0.9127	1.0000	0.9127	递减
13	甘肃	0.9056	0.9351	0.9684	递增
14	广西	0.8963	0.9482	0.9453	递减
15	河北	0.8115	0.8363	0.9703	递减
16	湖北	0.7829	0.8243	0.9499	递减
17	福建	0.7822	0.7889	0.9915	递减
18	江西	0.7729	0.8003	0.9658	递减
19	河南	0.7170	0.7684	0.9331	递减
20	辽宁	0.6816	0.6959	0.9794	递减
21	上海	0.6222	0.8500	0.7320	递减
22	安徽	0.6120	0.6266	0.9766	递减
23	重庆	0.6034	0.6187	0.9753	递减
24	山西	0.5367	0.5470	0.9812	递减
25	海南	0.5330	0.5560	0.9587	递增
26	贵州	0.4925	0.4926	0.9999	递增
27	新疆	0.4147	0.4407	0.9409	递减
28	云南	0.3683	0.3762	0.9789	递减
29	四川	0.3376	0.3469	0.9732	递减
30	黑龙江	0.2102	0.2195	0.9575	递减
—	均值	0.7640	0.7883	0.9680	—

2. 全国 30 个省份的研究与开发机构的二阶段效率分析

全国 30 个省份的研究与开发机构的研发阶段效率和研发成果转化阶段效率结果分别如表 4.11、表 4.12 所示。

表 4.11　全国 30 个省份研究与开发机构研发阶段效率结果

排名	省份	综合效率	纯技术效率	规模效率	规模收益
1	宁夏	1.0000	1.0000	1.0000	不变
2	青海	1.0000	1.0000	1.0000	不变
3	福建	1.0000	1.0000	1.0000	不变
4	新疆	1.0000	1.0000	1.0000	不变
5	海南	1.0000	1.0000	1.0000	不变
6	广东	1.0000	1.0000	1.0000	不变
7	浙江	0.9715	1.0000	0.9715	递减
8	贵州	0.8989	0.9130	0.9845	递减
9	辽宁	0.7242	0.7244	0.9998	递增
10	山东	0.7149	1.0000	0.7149	递减
11	山西	0.6882	0.7003	0.9827	递减
12	广西	0.6730	0.6885	0.9775	递减
13	上海	0.6700	0.8778	0.7632	递减
14	北京	0.6680	1.0000	0.6680	递减
15	吉林	0.6601	0.7748	0.8520	递减
16	江苏	0.6294	0.7673	0.8203	递减
17	安徽	0.6290	0.6348	0.9909	递增
18	甘肃	0.6100	0.8357	0.7299	递减
19	天津	0.5761	0.5818	0.9901	递增
20	云南	0.5480	0.7120	0.7696	递减
21	黑龙江	0.5179	0.5380	0.9628	递减
22	重庆	0.5059	0.5161	0.9804	递增
23	湖北	0.5031	0.5117	0.9831	递减
24	湖南	0.4527	0.4536	0.9979	递增
25	河南	0.4043	0.4278	0.9449	递减
26	陕西	0.3997	0.4371	0.9145	递减

排名	省份	综合效率	纯技术效率	规模效率	规模收益
27	四川	0.3653	0.3666	0.9966	递减
28	内蒙古	0.3486	0.3630	0.9603	递增
29	江西	0.3421	0.3451	0.9915	递减
30	河北	0.3325	0.4293	0.7743	递减
—	均值	0.6611	0.7200	0.9240	—

表4.12　全国30个省份研究与开发机构研发成果转化阶段效率结果

排名	省份	综合效率	纯技术效率	规模效率	规模收益
1	辽宁	1.0000	1.0000	1.0000	不变
2	甘肃	1.0000	1.0000	1.0000	不变
3	安徽	0.9139	1.0000	0.9139	递增
4	重庆	0.7574	0.8470	0.8942	递增
5	上海	0.6247	0.9822	0.6360	递减
6	北京	0.4901	1.0000	0.4901	递减
7	浙江	0.4087	0.4094	0.9984	递增
8	天津	0.2962	0.3069	0.9650	递增
9	陕西	0.2629	0.2668	0.9854	递增
10	福建	0.2611	0.2825	0.9242	递增
11	河北	0.2562	0.2714	0.9440	递增
12	湖南	0.2138	0.2356	0.9075	递增
13	广东	0.1855	0.2125	0.8731	递减
14	江苏	0.1850	0.2236	0.8276	递减
15	河南	0.1540	0.1560	0.9873	递增
16	宁夏	0.1540	1.0000	0.1540	递增
17	山西	0.1529	0.1602	0.9541	递增
18	山东	0.1498	0.1825	0.8205	递减
19	四川	0.1059	0.1131	0.9367	递减
20	吉林	0.0783	0.0789	0.9921	递增
21	湖北	0.0703	0.0755	0.9315	递减
22	青海	0.0611	0.1267	0.4824	递增

排名	省份	综合效率	纯技术效率	规模效率	规模收益
23	云南	0.0507	0.0518	0.9789	递增
24	新疆	0.0392	0.0403	0.9719	递增
25	贵州	0.0356	0.0638	0.5575	递增
26	江西	0.0303	0.0328	0.9253	递增
27	广西	0.0081	0.0089	0.9150	递增
28	黑龙江	0.0018	0.0018	0.9754	递增
29	海南	0.0000	0.0000	0.0000	不变
30	内蒙古	0.0000	0.0000	0.0000	不变
—	均值	0.2649	0.3377	0.8551	—

3. 全国 30 个省份高等学校的二阶段效率分析

全国 30 个省份高等学校的研发阶段效率和研发成果转化阶段效率结果分别如表 4.13、表 4.14 所示。

表 4.13　全国 30 个省份高等学校研发阶段效率结果

排名	省份	综合效率	纯技术效率	规模效率	规模收益
1	河南	1.0000	1.0000	1.0000	不变
2	宁夏	1.0000	1.0000	1.0000	不变
3	江苏	1.0000	1.0000	1.0000	不变
4	海南	1.0000	1.0000	1.0000	不变
5	新疆	0.9974	1.0000	0.9974	递减
6	云南	0.9671	0.9693	0.9978	递增
7	广西	0.9522	0.9615	0.9903	递减
8	福建	0.9504	0.9531	0.9972	递增
9	河北	0.9166	0.9310	0.9845	递减
10	江西	0.8599	0.8631	0.9963	递减
11	陕西	0.8190	0.8214	0.9971	递增
12	内蒙古	0.8127	0.9377	0.8667	递减
13	贵州	0.7931	0.8147	0.9735	递减
14	浙江	0.7785	0.7857	0.9909	递减

排名	省份	综合效率	纯技术效率	规模效率	规模收益
15	山东	0.7604	0.7605	0.9998	递减
16	甘肃	0.7220	0.7444	0.9699	递增
17	青海	0.7067	1.0000	0.7067	递增
18	湖北	0.6761	0.9855	0.6861	递减
19	北京	0.6642	1.0000	0.6642	递减
20	重庆	0.6529	0.6560	0.9953	递增
21	辽宁	0.6116	1.0000	0.6116	递减
22	上海	0.6070	0.9011	0.6736	递减
23	湖南	0.5839	0.5865	0.9955	递减
24	黑龙江	0.5812	0.5979	0.9721	递减
25	广东	0.5591	0.7385	0.7571	递减
26	安徽	0.5568	0.5581	0.9977	递减
27	四川	0.5448	0.5919	0.9205	递减
28	山西	0.5444	0.5482	0.9930	递增
29	天津	0.4584	0.4624	0.9912	递增
30	吉林	0.4330	0.4330	0.9999	递减
—	均值	0.7503	0.8200	0.9242	—

表 4.14 全国 30 个省份高等学校研发成果转化阶段效率结果

排名	省份	综合效率	纯技术效率	规模效率	规模收益
1	河北	1.0000	1.0000	1.0000	不变
2	江苏	1.0000	1.0000	1.0000	不变
3	北京	1.0000	1.0000	1.0000	不变
4	湖南	0.7239	0.7614	0.9508	递减
5	安徽	0.6170	0.6187	0.9974	递增
6	四川	0.5869	0.5993	0.9792	递增
7	河南	0.5716	0.6315	0.9051	递减
8	广东	0.5604	0.5634	0.9946	递增
9	湖北	0.5486	0.6082	0.9020	递减
10	天津	0.5440	0.5760	0.9444	递增

排名	省份	综合效率	纯技术效率	规模效率	规模收益
11	上海	0.5192	0.5222	0.9942	递增
12	福建	0.4843	0.5206	0.9302	递增
13	山西	0.3828	0.4036	0.9484	递增
14	山东	0.3815	0.3878	0.9836	递增
15	贵州	0.3364	0.3525	0.9542	递增
16	广西	0.3079	0.3275	0.9404	递增
17	陕西	0.2949	0.3004	0.9819	递增
18	浙江	0.2822	0.2905	0.9713	递增
19	重庆	0.2683	0.2710	0.9899	递增
20	吉林	0.2600	0.2625	0.9906	递增
21	黑龙江	0.2497	0.2568	0.9724	递增
22	辽宁	0.2425	0.2427	0.9990	递增
23	新疆	0.1334	0.1458	0.9152	递增
24	云南	0.1240	0.1277	0.9713	递增
25	江西	0.1020	0.1112	0.9178	递增
26	内蒙古	0.0901	0.0990	0.9105	递增
27	甘肃	0.0588	0.0598	0.9827	递增
28	宁夏	0.0155	0.0235	0.6595	递增
29	海南	0.0000	0.0000	0.0000	不变
30	青海	0.0000	0.0000	0.0000	不变
—	均值	0.3895	0.4021	0.9531	—

4. 全国 30 个省份规模以上工业企业的二阶段效率分析

全国 30 个省份规模以上工业企业的研发阶段效率和研发成果转化阶段效率结果分别如表 4.15、表 4.16 所示。

表 4.15　全国 30 个省份规模以上工业企业研发阶段效率结果

排名	省份	综合效率	纯技术效率	规模效率	规模收益
1	安徽	1.0000	1.0000	1.0000	不变
2	浙江	0.8886	1.0000	0.8886	递减
3	北京	0.8222	0.8259	0.9955	递增

续表

排名	省份	综合效率	纯技术效率	规模效率	规模收益
4	重庆	0.7732	0.7845	0.9856	递增
5	海南	0.7162	1.0000	0.7162	递增
6	上海	0.6652	0.6660	0.9989	递增
7	四川	0.6465	0.6548	0.9873	递增
8	天津	0.6286	0.6338	0.9919	递增
9	江苏	0.6283	1.0000	0.6283	递减
10	贵州	0.6183	0.6728	0.9190	递增
11	新疆	0.6004	0.6733	0.8917	递增
12	广东	0.5944	1.0000	0.5944	递减
13	湖南	0.5937	0.5975	0.9937	递增
14	宁夏	0.5241	0.6603	0.7937	递增
15	福建	0.4944	0.4982	0.9923	递增
16	云南	0.4839	0.5358	0.9031	递增
17	辽宁	0.4324	0.4388	0.9855	递增
18	山东	0.4209	0.4756	0.8849	递减
19	湖北	0.4112	0.4150	0.9908	递增
20	甘肃	0.3909	0.4480	0.8725	递增
21	广西	0.3765	0.4011	0.9386	递增
22	陕西	0.3730	0.3852	0.9685	递增
23	河南	0.3664	0.3707	0.9885	递增
24	河北	0.3262	0.3335	0.9783	递增
25	江西	0.3221	0.3415	0.9431	递增
26	吉林	0.2812	0.3123	0.9006	递增
27	山西	0.2674	0.2833	0.9440	递增
28	黑龙江	0.2635	0.2806	0.9388	递增
29	青海	0.2615	0.8947	0.2923	递增
30	内蒙古	0.1932	0.2192	0.8815	递增
—	均值	0.5122	0.5934	0.8929	—

表 4.16 全国 30 个省份规模以上工业企业研发成果转化阶段效率结果

排名	省份	综合效率	纯技术效率	规模效率	规模收益
1	吉林	1.0000	1.0000	1.0000	不变
2	江西	0.6865	0.8018	0.8563	递减
3	广西	0.6509	0.7425	0.8767	递减
4	山东	0.6091	1.0000	0.6091	递减
5	河北	0.5702	0.8084	0.7054	递减
6	天津	0.5661	0.8713	0.6497	递减
7	辽宁	0.5641	0.8348	0.6757	递减
8	甘肃	0.5540	0.5729	0.9671	递增
9	湖南	0.5399	0.8406	0.6422	递减
10	内蒙古	0.5314	0.5535	0.9601	递增
11	湖北	0.5239	0.8009	0.6542	递减
12	河南	0.5043	0.7669	0.6576	递减
13	上海	0.5018	0.8070	0.6218	递减
14	重庆	0.4327	0.6408	0.6752	递减
15	海南	0.3760	0.5494	0.6845	递增
16	宁夏	0.3701	0.4470	0.8279	递增
17	山西	0.3674	0.4465	0.8228	递减
18	江苏	0.3630	1.0000	0.3630	递减
19	福建	0.3403	0.5281	0.6443	递减
20	浙江	0.3227	0.7888	0.4091	递减
21	北京	0.3197	0.5033	0.6353	递减
22	广东	0.3128	0.8794	0.3557	递减
23	四川	0.3098	0.4680	0.6619	递减
24	新疆	0.3043	0.3125	0.9738	递增
25	云南	0.3034	0.3068	0.9891	递减
26	陕西	0.2627	0.3519	0.7464	递减
27	安徽	0.2536	0.4108	0.6173	递减
28	黑龙江	0.2317	0.2748	0.8432	递减
29	贵州	0.2092	0.2267	0.9227	递减
30	青海	0.0655	1.0000	0.0655	递增
—	均值	0.4316	0.6512	0.7038	—

（二）山西省研发阶段研发效率对比评价

1. 山西省全省研发阶段效率对比评价

从表 4.9 来看，全国 30 个省份中，有北京、吉林、黑龙江、江苏、浙江、海南、重庆、甘肃 8 个省份的研发阶段综合效率值为 1.0000，占全国 30 个省份的 26.67%，体现出全国范围内在研发阶段的研发效率较高。综合效率值为 1.0000 的这 8 个省份在研发阶段的 DEA 有效，并由于 MaxDEA 结果显示这 8 个省份的松弛变量均为 0，即均 DEA 强有效，反映出这 8 个省份在技术成果的研发阶段资源配置合理，研发模式有效，研发效率比较高，可以充分利用已投入的资源，获得较多的研发成果，在产出既定的情况下，以目前的投入尚合理，不存在资源浪费的现象；另外共有 15 个省份的综合效率值处在全国均值水平以上。

通过排名来看，山西省在研发阶段的研发效率较弱，在全国范围内研发效率整体较高的情况下，综合效率值为 0.4216，仅排在第 27 位，仅仅高于资源较为缺乏的青海、宁夏、内蒙古 3 个省份。山西省的规模效率值为 0.9991，处在全国均值以上水平，但纯技术效率值仅为 0.4220，与全国均值水平相差甚远。表 4.17 所列出的是赵树宽、于海晴、巩顺龙对综合效率值所反映出的创新效率从好到差的 5 个层次划分标准[40]，参照此标准对山西省研发效率进行评价，其研发阶段的研发效率处于一般水平。由于综合效率值等于纯技术效率值与规模效率值的乘积，因此，山西省的综合效率值较为低下的原因在于纯技术效率值较为低下。山西省较全国其他省份来看，研发人员的研发水平较为低下，存在较为明显的高技术人才短缺的问题，致使研发成果产出的水平整体不高。

表 4.17　基于综合效率值的研发效率评价标准

指标区间	效率评价
1	好
0.8 < E < 1	较好
0.4 < E ≤ 0.8	一般
0.2 < E ≤ 0.4	较差
0 ≤ E ≤ 0.2	差

从规模收益的角度来看，山西省的研发活动状态处于规模收益递增的情况，说明山西省的研发投入较为缺乏，研发阶段的水平还有很大的上升空间。

从上述分析可以看出，山西省的研发投入存在不足的现象，尤其是研发人员的投入和高技术人才的短缺，造成了山西省研发阶段研发水平的低下。图 4.1 为山西省与 DEA 强有效的 8 个省份的投入对比，山西省的财力、人力投入的确与投入大的省份（如北京、江苏、浙江）相比还有很大的差距，但是同投入水平相当的吉林、黑龙江、重庆相比，综合效率也存在很大的差距，说明山西省在研发阶段的资源配置情况相当不合理，研发管理模式存在较大的问题，致使其投入与产出之间的转化率不高。

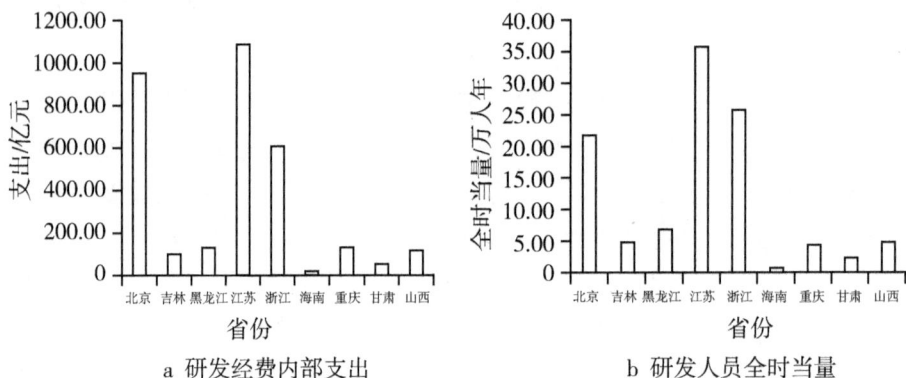

a 研发经费内部支出　　　　　b 研发人员全时当量

图 4.1　山西省与 DEA 强有效的 8 个省份研发阶段投入对比

2. 山西省研究与开发机构研发阶段效率对比评价

从表 4.11 来看，全国 30 个省份中，有宁夏、青海、福建、新疆、海南、广东 6 个省份的研发阶段综合效率值为 1.0000，且 MaxDEA 结果显示这 6 个省份的松弛变量均为 0，即均 DEA 强有效，反映出这 6 个省份的研究与开发机构虽然财力和人力投入多少不一，但是，在技术成果的研发阶段资源配置合理，研发模式有效，研发效率比较高，可以充分利用稀缺资源，得到合理的研发成果，在产出既定的情况下，以目前的投入尚合理，不存在资源浪费的现象；另外共有 14 个省份的研究与开发机构综合效率值处在全国均值水平以上。

通过排名来看，山西省研究与开发机构在研发阶段的研发效率处在全国中等偏上水平，综合效率值为 0.6882，排在全国第 11 位，说明山西省研究与开发机构对山西省整体研发效率的提升贡献较大。山西省研究与开发机构的规模效率值为 0.9827，处于全国均值 0.9240 以上，纯技术效率值为 0.7003，基本与全国平均水平持平。根据表 4.17 标准，对山西省研究与开发机构的研发效率进行评价，虽然其在全国处于中等水平，但是研发阶段的研发效率仍处于一般的水平。山西省研究与开发机构的综合效率值一般的原因仍为纯技术效率值较为一般。

从规模收益的角度来看，山西省研究与开发机构的研发活动状态，处于规模收益递减的情况，说明山西省投入在研发机构的财力与人力相对于目前的产出水平存在冗余的情形，同时也说明其未能将已投入的资源充分转化为技术成果，以现有研发模式发展，即使继续增加人力、财力投入，也很难提高山西省研究与开发机构研发阶段的效率。

从上述分析可以看出，山西省整体的研发投入不足，又在研究与开发机构上的投入冗余，高技术人才依然处于短缺状态，造成了山西省研究与开发机构研发阶段效率较为一般。图 4.2 为山西省研究与开发机构与 DEA 强有效的 6 个省份在研发阶段的投入对比，山西省研究与开发机构在研发阶段的财力和人力投入远远高于宁夏、青海、福建、新疆和海南，但又远低于广东，其综合效率与这 6 个省份存在很大的差距，说明山西省研究与开发机构的研发模式亟待改善，在适当提高人力、财力投入的同时，更加注重高技术人才比重的提高，并且提高研发人员的投入质量，以改善目前的状况。

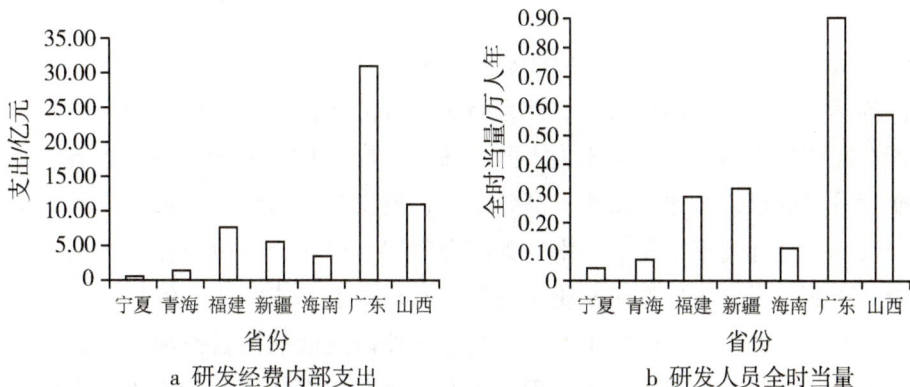

图 4.2　山西省研究与开发机构与 DEA 强有效的 6 个省份研发阶段投入对比

3. 山西省高等学校研发阶段效率对比评价

从表 4.13 来看，全国 30 个省份中，有河南、宁夏、江苏、海南 4 个省份的研发阶段综合效率值为 1.0000，且 MaxDEA 结果显示这 4 个省份的松弛变量均为 0，即均 DEA 强有效，反映出这 4 个省份的高等学校在技术成果的研发阶段资源配置合理，研发模式有效，研发效率比较高，可以充分利用稀缺资源，得到合理的研发成果，在产出既定的情况下，以目前的投入尚合理，不存在资源浪费的现象；另外共有 15 个省份的综合效率值处在全国均值水平以上，全国范围内的高等学校研发效率都处在一般水平以上，没有出现过低的情形。

通过排名来看，山西省高等学校在研发阶段的研发效率处于全国尾部水平，综合效率值为 0.5444，虽然效率值高于研究与开发机构在研发阶段的效率值，但仅仅排在全国第 28 位，说明山西省高等学校的研发活动开展略优于研究与开发机构，但是与全国大部分省份仍存在较大的差距。山西省高等学校的规模效率值为 0.9930，处于全国均值 0.9242 以上水平，而纯技术效率值仅为 0.5482，与全国均值水平的差距非常大。根据表 4.17 标准，对山西省高等学校的研发效率进行评价，其仍处于一般水平。山西省高等学校的综合效率值较为低下的原因仍为纯技术效率值较为低下。山西省高等学校较全国其他省份来看，从事研发活动人员的研发水平较为低下，高技术人才短缺为核心问题。

从规模收益的角度来看，山西省高等学校的研发活动状态，处于规模收益递增的情况，说明山西省投入在高等学校研发活动的财力与人力相对于目前的产出水平尚存在不足的情形。

从上述分析可以看出，山西省整体的研发投入不足，主要体现在了对高等学校研发活动的投入上，并且高等学校的高技术人才短缺仍是研发阶段存在的核心问题。图 4.3 为山西省高等学校与 DEA 强有效的 4 个省份在研发阶段的投入对比，山西省高等学校在研发阶段的财力和人力投入远低于江苏，且远高于宁夏、海南，其综合效率与后 3 个省份均存在很大的差距；山西省高等学校在研发阶段的投入与河南省基本相当，但是综合效率也存在很大的差距，说明山西省对高等学校研发活动的财力和人力投入存在不足，但同时又存在不能合理利用既定资源，将其有效的转化为成果产出。山西省在高等学校的财力和人力投入有待提高，研发模式也有待改善，同时高技术人才是解决山西省高等学校研发阶段纯技术效率低下的核心问题。

a 研发经费内部支出

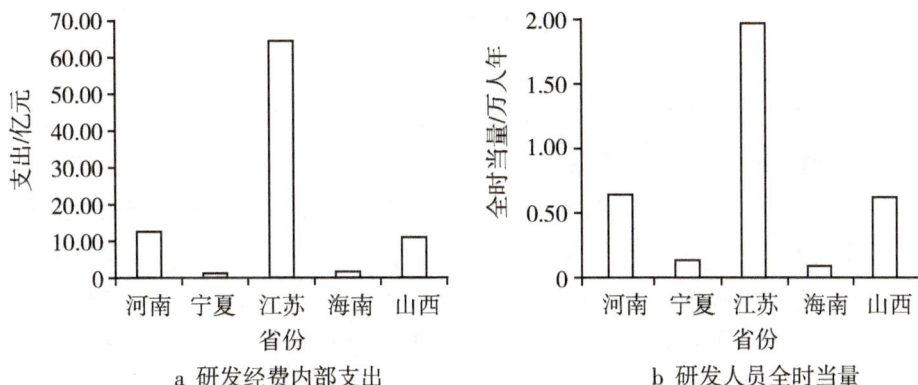

b 研发人员全时当量

图 4.3 山西省高等学校与 DEA 强有效的 4 个省份研发阶段投入对比

4. 山西省规模以上工业企业研发阶段效率对比评价

从表 4.15 来看，全国 30 个省份中，仅有安徽省规模以上工业企业的研发阶段综合效率值为 1.0000，且 MaxDEA 结果显示的松弛变量均为 0，即 DEA 强有效，反映出安徽省的规模以上工业企业在技术成果的研发阶段资源配置合理，研发模式有效，研发效率比较高，可以充分利用稀缺资源，得到合理的研发成果，在产出既定的情况下，以目前的投入尚合理，不存在资源浪费的现象；另外共有 14 个省份的综合效率值处于全国均值水平以上，但是 90% 的省份规模以上工业企业均处于较好水平以下，并且有 36.67% 的省份规模以上工业企业的研发阶段研发效率处于较差和差的水平上。

通过排名来看，山西省规模以上工业企业在研发阶段的研发效率处于全国尾部水平，综合效率值仅为 0.2674，仅仅排在全国第 27 位，说明山西省规模以上工业企业研发活动的开展均劣于研究与开发机构和高等学校，并且与全国大部分省份存在较大的差距。山西省高等学校的规模效率值为 0.9388，处于全国均值 0.8929 以上水平，而纯技术效率值仅为 0.2833，与全国均值水平的差距非常大。根据表 4.17 标准，对山西省高等学校的研发效率进行评价，其仍处于较差水平。山西省规模以上工业企业的综合效率处于较差水平的原因仍为纯技术效率值较为低下。山西省规模以上工业企业较全国其他省份来看，从事研发活动人员的研发水平较为低下，高技术人才极度短缺，自主创新能力较为落后，专利产出水平相当落后。

从规模收益的角度来看，山西省规模以上工业企业的研发活动状态，处于规模收益递增的情况，说明山西省投入在规模以上工业企业研发活动的财力与人力也相当不足。投入不足并且高技术人才极度缺乏，是导致山西省规模以上工业企业研发阶段研发效率较差的根本原因。

从上述分析可以看出，山西省整体的研发投入不足，更为明显地体现在了对规模以上工业企业研发活动的投入上，并且高技术人才短缺仍是研发阶段存在的核心问题。图4.4为山西省规模以上工业企业与DEA强有效的安徽省在研发阶段的投入对比，山西省规模以上工业企业在研发阶段的财力和人力投入虽然远高于研究与开发机构和高等学校，但是将近低于安徽省的50%，山西省在规模以上工业企业的财力和人力投入有待提高，研发模式有待改善，同时企业自身也应该提高研发意识，加大对研发活动的投入，提高对研发活动开展的重视，并且采取措施广泛地吸纳高技术人才和优秀的管理人才。

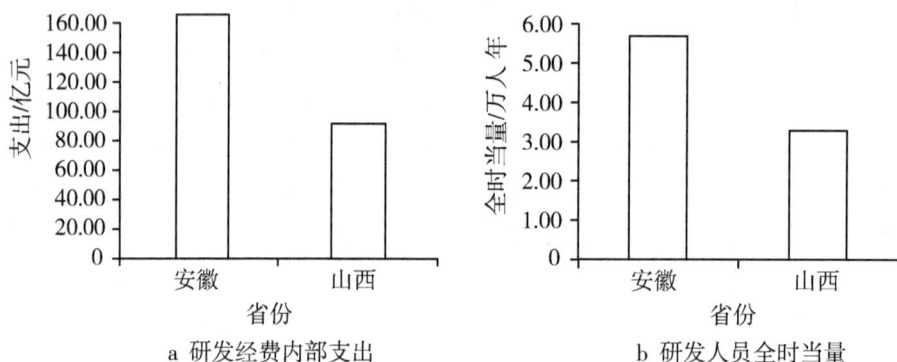

a 研发经费内部支出　　　　b 研发人员全时当量

图4.4　山西省规模以上工业企业与DEA强有效安徽省研发阶段投入对比

（三）山西省研发成果转化阶段研发效率对比评价

1. 山西省全省研发成果转化阶段研发效率对比评价

从表4.10来看，研发成果转化阶段全国30个省份中有宁夏、青海、广东、天津、北京和山东6个省份的综合效率值为1.0000，而且从MaxDEA Basic 6.13软件的输出结果中可以看出，其松弛变量均为0，表示其均为DEA强有效，表明这6个省份在研发成果转化阶段合理利用了已有技术成果，将其转变为经济价值，基本没有盲目研发的现象存在。从全国均值来看，研发成果转化阶段的全国范围内的研发效率略高于研发阶段，但基本持平；另外共有18个省份的综合效率值处在全国均值水平以上，普遍效率较高。通过排名来看，山西省全省在研发成果转化阶段的综合效率值排名较研发阶段的排名来看略有提升，排在第24位，综合效率值较低，仅为0.5367。

山西省研发成果转化阶段的规模效率值为 0.9812，处于全国均值以上水平，而纯技术效率值仅为 0.5470。因此，山西省在研发成果转化阶段的研发综合效率低下也是由纯技术效率导致的，这表明山西省全省的研发和管理模式存在严重的问题，无法充分有效地将已有的技术成果转化成经济价值，在投入既定的情况下，知识、技术的经济效益转化上还有很大的提升和改善空间。

从规模收益来看，山西省在研发成果转化阶段处于规模收益递减的状态，反映出以现有的研发状态，即使再增加技术成果产出，也并不能使现有经济效益得到良好的改善，说明山西省的研发模式需要得到改善，立足市场需求，减少盲目开展的研发项目。另外，山西省整体上虽然逐年重视研发活动的财力、人力的投入，但是没有充分重视研发成果的商业化与经济化带来的影响，致使本不丰富的研发成果也未得到转化。

通过以上分析，可以得出山西省技术成果在经济价值转化上的不足，其研发成果转化阶段的产出严重不足。图 4.5 为山西省与 DEA 强有效的 6 省研发成果转化阶段的产出对比，北京为技术市场输出大省，其交易合同额远远超高于其他省份，广东省与山东省同为规模以上工业企业新产品销售大省，山西省在产出方面与其存在很大的差距。山西省的技术市场和规模以上新产品销售仅高于投入微弱的宁夏和青海，但是研发效率差别很大，主要体现在纯技术效率上。宁夏、青海的研发成果转化阶段的经济效益成果值虽然并不好，但是其体现了资源的合理配置，没有存在和山西省一样的研发活动开展盲目的现象。

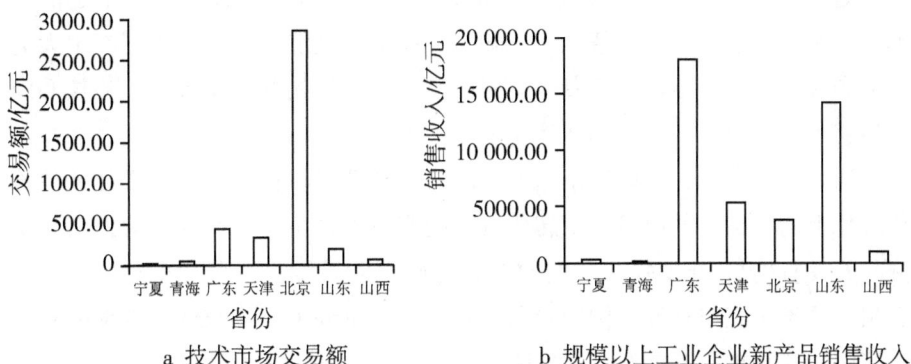

a 技术市场交易额　　　　　b 规模以上工业企业新产品销售收入

图 4.5　山西省与 DEA 强有效的 6 个省份研发成果转化阶段产出对比

2. 山西省研究与开发机构研发成果转化阶段研发效率对比评价

从表4.12来看，研发成果转化阶段全国30个省份的研究与开发机构中只有辽宁和甘肃两个省份的综合效率值为1.0000，而且并从 MaxDEA Basic 6.13 软件的输出结果中可以看出，其松弛变量均为0，表示其均为DEA强有效，表明这两个省份在研发成果转化阶段合理利用了已有技术成果，将其转变为经济价值，基本没有盲目研发的现象存在。从全国均值来看，研发成果转化阶段的全国范围内的研究与开发机构的研发效率普遍处于较差水平，均值仅为0.2649，并且只有9个省份的综合效率值处于全国均值水平以上，极差相当明显。通过排名来看，山西省研究与开发机构在研发成果转化阶段的综合效率值排名较全省整体来看有所下降，排在第17位，但是由于全国范围内的研究与开发机构的研发成果转化阶段效率明显普遍低下，所以山西省的综合效率值0.1529也使得全省的整体效率受到强烈影响。山西省研究与开发机构的研发成果转化阶段的规模效率值为0.9541，处于全国均值以上水平，而纯技术效率值仅为0.1602。因此，山西省研究与开发机构在研发成果转化阶段的研发综合效率低下也是由纯技术效率表现较差导致的，这表明山西省研究与开发机构的研发和管理模式存在严重的问题，在本来技术成果并不充足的情况下，还无法充分有效地将已有的技术成果转化成经济价值，从侧面来看，着实也存在不少盲目研发的现象。

从规模收益来看，山西省的研究与开发机构在研发成果转化阶段处于规模收益递增的状态，反映出这一阶段产出低下并不仅仅由于研发成果不能够有效地转化为经济效益，还受到了研究与开发机构本身技术成果不足的影响。但是，在投入既定的情况下，知识、技术的经济效益转化上还有很大的提升和改善空间。山西省应着实重视研究与开发机构的研发模式，将核心问题转移到技术成果的产出和经济化上。

通过以上分析，可以得出山西省的研究与开发机构的技术成果在经济价值转化上的不足，其研发成果转化阶段的产出严重不足。图4.6为山西省研究与开发机构与DEA强有效的两个省份研发成果转化阶段产出对比，可以看出山西省研究与开发机构的专利所有权转让及许可收入与综合效率强有效的辽宁省和甘肃省存在很大的差距。

3. 山西省高等学校研发成果转化阶段研发效率对比评价

从表4.14来看，研发成果转化阶段全国30个省份的高等学校中只有河

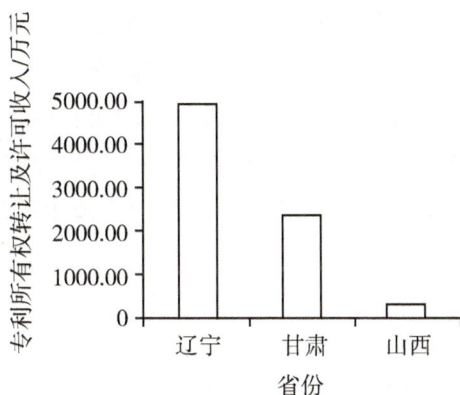

图 4.6　山西省研究与开发机构与 DEA 强有效的两个省份研发成果转化阶段产出对比

北、江苏和北京 3 个省份的综合效率值为 1.0000，而且并从 MaxDEA Basic 6.13 软件的输出结果中可以看出，其松弛变量均为 0，表示其均为 DEA 强有效，表明这 3 个省份在研发成果转化阶段合理利用了已有技术成果，将其转变为经济价值，基本没有盲目研发的现象存在，技术市场较为活跃。从全国均值来看，研发成果转化阶段的全国范围内的高等学校的研发效率普遍处于较差水平，均值仅为 0.3895，并且只有 12 个省份的综合效率值处在全国均值水平以上，极差同研究与开发机构一样也相当明显。通过排名来看，山西省高等学校在研发成果转化阶段的综合效率值排名较全省整体来看有所提升，且较研发阶段的排名提升较多，排在第 13 位，但是由于全国范围内的研究与开发机构的研发成果转化阶段效率明显普遍低下，所以山西省的综合效率值 0.3828 也使得全省的整体效率受到强烈影响，处于全国均值附近水平。山西省研究与开发机构的研发成果转化阶段的规模效率值为 0.9484，较低于全国均值水平，但纯技术效率值仅为 0.4036。因此，山西省高等学校在研发成果转化阶段的研发综合效率低下也是由纯技术效率表现较差导致的，虽然较研究与开发机构来看，山西省高等学校在研发成果转化阶段的研发效率略有提升，但是依然存在产出明显不足的问题。在既定投入的情况下，技术成果的经济化水平还有待提升和改善。

从规模收益来看，山西省高等学校在研发成果转化阶段处于规模收益递增的状态，反映出这一阶段产出低下并不仅仅由于研发成果不能够有效的转化为经济效益，还受到了高等学校本身技术成果不足的影响。山西省也应在重视研究与开发机构的研发模式的同时，注重高等学校技术成果的研发。

通过以上分析，可以得出山西省高等学校的技术成果在经济价值转化上存在不足。图4.7为山西省高等学校与DEA强有效的3个省份研发成果转化阶段产出对比，可以看出山西省高等学校的专利所有权转让及许可收入与综合效率强有效的江苏和北京存在很大的差距，也与河北省差距不小。体现出山西省高等学校同研究与开发机构一样，其技术成果的经济转化效率亟待改善。

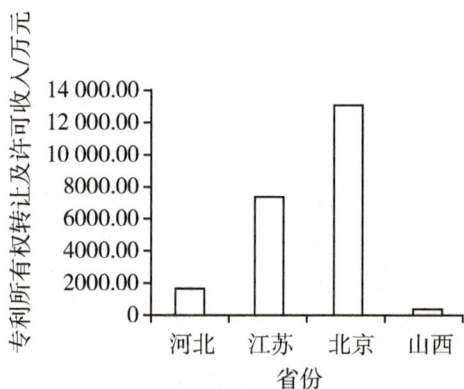

图4.7　山西省高等学校与DEA强有效的3个省份研发成果转化阶段产出对比

4. 山西省规模以上工业企业研发成果转化阶段研发效率对比评价

从表4.16来看，研发成果转化阶段全国30个省份的规模以上工业企业中只有吉林1个省份的综合效率值为1.0000，而且并从MaxDEA Basic 6.13软件的输出结果中可以看出，其松弛变量为0，表示其为DEA强有效，表明吉林省在研发成果转化阶段合理利用了已有技术成果，将其转变为经济价值，基本没有盲目研发的现象存在，并且新产品销售情况良好。从全国均值来看，研发成果转化阶段全国范围内的规模以上工业企业的研发效率均值仅为0.4316，处于研发效率的一般水平，其中共有14个省份的综合效率值处于全国均值水平以上，但除了DEA强有效的吉林省以外，其他省份规模以上工业企业的研发成果转化阶段研发效率没有过高的情况出现，极差不是相当明显。通过排名来看，山西省规模以上工业企业在研发成果转化阶段的综合效率值排名较全省整体来看有所提升，且较研发阶段的排名提升较多，排在第17位，但是由于全国范围内的规模以上工业企业的研发成果转化阶段效率明显普遍不高，所以山西省的综合效率值0.3674也使得全省的整体效率受到强烈影响，低于全国均值水平。山西省规模以上工业企业的研发成果转化阶段的规模效率值为0.8228，虽然较其他两个主体相比规模效率较低，但是仍处于全国均值水平以上的位置，但纯技术效率值仅为 0.4465。因此，山西省规模以上工业企业在研发成果转化阶段的研发综合效率低下也是由纯技术效率表现较差导致的。

　　从规模收益来看，山西省规模以上工业企业在研发成果转化阶段处于规模收益递减的状态，反映出这一阶段产出虽然低下，但是以现有的研发模式和水平来看，即使增加专利成果产出，也并不能有效增加研发成果转化的经济效益。因此，针对规模以上工业企业，山西省应该更加注重研发模式的改善，以研发活动配合市场需求，减少研发的盲目性才是提升山西省规模以上工业企业研发成果转化阶段效率的核心方法。

　　通过以上分析，山西省规模以上工业企业的技术成果在经济价值转化上存在不足，但是又不能仅仅通过增加规模以上工业企业的专利产出来改变，解决企业的研发活动开展盲目性，改善现有研发模式，才可以提升规模以上工业企业技术成果转化阶段的研发效率。图 4.8 为山西省规模以上工业企业与 DEA 强有效的吉林省研发成果转化阶段产出对比，可以看出山西省规模以上工业企业的新产品销售收入与综合效率强有效的吉林省存在一些差距，但是由于山西省规模以上工业企业的研发成果转化阶段处于规模递减的状态，所以想要缩小与吉林省的差距，还有很长的路要走。

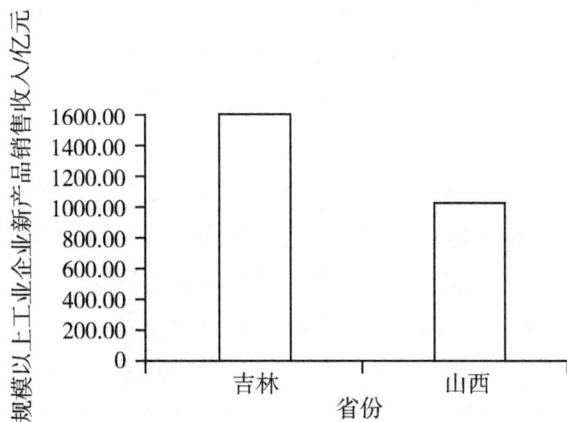

图 4.8　山西省规模以上工业企业与 DEA 强有效的吉林省研发成果转化阶段产出对比

四、对策建议[41]

(一) 政府层面：进一步完善山西省产学研结合科技创新支撑体系建设

产学研结合科技创新作为一种多主体共同参与、多辅体共同支撑的新型创新活动，其复杂程度不言而喻。特别是在各项改革和经济发展方式转变的大背景下，外部环境复杂化和主体内部动因多样化的共同驱动下，现存的市场机制和原有的单一体系难以确保产学研合作科技创新活动的良性发展，尤其是山西省正处于经济转型跨越的攻坚阶段，想要有效提升区域科技创新能力，以科技带动经济的迅猛发展，政府就不能仅仅扮演为科技创新活动提供科研基金的角色，还应该积极参与和引导山西省产学研结合科技创新，推动产学研合作科技创新的高效运作。

1. 健全产学研结合科技创新的相关制度体系

一方面，政府要制定规范的产学研三方主体合作机制。特别是针对一些重大专项项目，要明确限定参与合作的企业、高校和科研院所的资质和分工，既可以避免由于不发挥实质作用的主体参与合作研发而造成科研基金的浪费，又可以督促主体多方面提升自己的科研能力和创新水平，以获得更广的国家科研资助，形成提升主体科技能力的良性循环。另一方面，要健全产学研结合科技创新的权益保护和利益分配机制。前文已经分析到，各主体寻求合作均是由各自利益驱使的结果，因此，为使主体能够积极参与合作，各方的合法权益必须受到保护，同时，为避免合作后期因利益分配引起争端而破坏进一步的合作，政府还应制定合理的利益分配机制。

2. 完善科技中介、金融服务等服务机构建设

产学研结合科技创新要想取得长足的发展，离不开科技中介、金融机构等辅体要素的全力支持。中介服务方面，政府通过对不同类型的科技中介结构进行整合和完善，打造从技术咨询、信息整合、科技评估到技术扩散一体的网络化科技中介服务体系，使科技中介机构的服务更为专业化和系统化。金融机构方面，政府可以通过政策的引导为产学研合作科技创新提供多样化的融资渠道，在减少政府资金压力的同时，促使多种金融机构共担风险，从而降低研发风险。针对中小企业设立信贷补偿基金，引导商业银行对科技含

量高、创新性强、信誉度高、具有良好发展前景的科技型中小企业给予信贷支持。总之，政府要通过对产学研结合科技创新中辅体要素的管理和完善，更深层次的优化科技资源，构建多种融资渠道保障下，集技术交易、知识产权、科技成果转化、信息发布及咨询服务功能于一体的技术转移共享平台，以推进产学研结合科技创新成果产业化。

3. 设立与新型产业相关的产学研合作项目

产学研结合科技创新的本质是为促进区域科技和经济的共同发展，因此，产学研结合科技创新必须与不同阶段的省情相结合，遵循市场导向，科技成果才能够实现产业化。山西省现阶段正面临着资源转型、经济结构调整的重大挑战，政府应以科研项目为牵引积极引导产学研合作重点研发煤炭高效集约开采装备与工艺技术、煤炭生产自动化和智能化、煤炭转化利用技术、水能、电能、风能、太阳能等新型能源开发、转化及节能相关的新技术，一方面遵循市场需求可以增大科技成果产业化率；另一方面可以为山西省转型跨越发展提供强有力的科技支持。

4. 推进山西省产业集群区和技术集成创新的发展

产业集群区的形成和发展有助于发挥科技集成效应，迅速提升区域自主创新能力。山西省作为煤炭之乡，有着丰厚煤炭资源优势，随着生态文明建设的不断推进，煤炭的开采和销售方式受到了很大的制约，直接影响山西省经济的发展。因此，政府应积极促进相关产业和煤炭产业相互融合，形成多行业集聚的产业集群，在高效配置山西省各项资源的同时逐步实现从煤炭大省向多种产业共同发展的转变。例如，政府可以煤炭开采、转化等关键技术或重大工程作为重大专项，滋生新型材料、新型能源、新型开发技术和节约能源等科研项目，引导山西省产学研合作共同研发。一方面，促进煤炭开采相关技术成果的融合汇聚，整合各种科技资源，实现科技资源的高效配置；另一方面，促进山西省产业结构调整和优化升级，为山西省区域创新能力的提升和经济水平进一步发展谋求切实保障。

（二）企业层面：强化自身在产学研结合科技创新中的主体地位

随着国家近几年来不断强调产学研合作创新在促进区域科技进步、经济发展中的重要作用，逐渐明确了企业在产学研合作科技创新中的主体地位。但是通过前文对产学研结合科技创新绩效评价发现，山西省近几年存在严重的科研人员闲散、科研资金利用率低下的问题，而且相对于科技资源的投入，科技产出也没有实现最大化，这都表明企业的主体作用并未有效的发挥。企业应从以下4个方面来强化自身的创新主体地位，积极参与产学研合作，以提升自身创新水平和技术能力。

1. 健全和完善产学研结合科技创新活动的监管体制

企业对产学研结合科技创新活动的管理和监督主要关注3个方面：科研资金管理、人才管理、合作项目流程监督。科研资金管理方面，企业作为产学研结合科技创新活动资金的主要投入方之一，也是产学研结合创新风险的主要承担者，应着力加强科技资金的管理机制，根据自身情况和项目需要合理安排资金的投入结构，并完善预算、评估、决算和反馈各个过程的资金管理体制，以提高资金的使用效率。人才管理方面，引进和制定有利于调动科技人员创新积极性的人员管理机制，一方面可以改进薪酬绩效体系；另一方面为员工专业素养的提升和职业发展提供广阔的空间。合作项目流程监督方面，制订清晰的合作创新计划，严格监督产学研结合科技创新各个阶段的完成情况，使之完成既定目标和任务。

2. 探索多元化的科技创新成果的利益分配机制

利益的驱使是各大主体间寻求合作的主要动力，因此，合作创新成果产业化带来的利益分配不均衡势必会影响产学研各方合作创新联盟的形成。而考虑到不同机构对利益定位的差异性，企业在寻求合作时应采用多元化的利益分配方式。高校更加关注学校的科研能力和学生的应用性能力，因此企业可以与高校对学生进行联合培养，一方面为高校应用型科技人才的培养提供实践平台；另一方面可以为合作高校学生在本企业就业提供优惠策略，在一定程度上提升高校毕业生就业率。而对于科研机构，企业可以允许其以技术入股方式分享企业利益或者股权分配来分享合作成果的利益。采取"各取所需"的分配方式可以有效的提高产学研合作的深度和广度，从而促进企业技术水平的提升。

3. 充分发挥企业在产学研结合科技创新的核心地位

企业在产学研结合科技创新中的核心地位主要体现在两个方面：一是企业对产学研结合科技创新方向有指引作用；二是企业是产学研结合科技创新成果产业化的主体。在三大创新主体中，企业是与市场直接接触的唯一主体，因此企业对市场的需求有更深刻地了解和把握。鉴于此，为保证科技发明成果的实用性和有效性，企业应通过科技中介机构、市场调研、经验判断等多种渠道整合市场需求信息，根据不同时期市场对技术需求的差异，企业一方面选择有效的产学研合作模式；另一方面时刻以市场需求为导向，参与和资助有市场价值的产学研合作项目。例如，在山西省现阶段，由于政府政策的倾斜和经济转型发展的需要，企业要主动向研发太阳能、风能等新能源技术，使用新能源设备靠拢，围绕研发、生产和销售低碳技术和低碳产品开展创新活动，积极参与低碳、新能源方面的产学研合作创新项目。此外，产学研结合科技创新成果最终也是通过企业的生产、销售而实现产业化。然而前文实证部分发现山西省存在科技成果滞留、产业化效率低等问题，鉴于此，一方面，企业应着眼于长远利益，积极参与省内外有前瞻性的产学研结合科技创新，推进产学研战略联盟的形成，充分发挥产业集群的辐射效应，提升企业的科技创新能力；另一方面，企业可以吸纳科技发明团队亲自参与到新工艺或新产品产业化过程中，以其对科技成果的深入了解，推进科技成果的开发、实验和生产，提升科技成果产业化效率。

（三）学研层面：多渠道加强在山西省产学研结合科技创新中的源头作用

高校和科研机构拥有大量的科研人员、雄厚的基础知识储备量、高端而全面的科研设备仪器、高涨的创新活力，在产学研结合科技创新过程中起到创新源头的关键作用。根据前文的评价结果发现，近年来，相对于科技人员的大量投入，科技成果的产出并不理想，学研方的源头作用并未得到充分展现，学研方源头作用的挖掘和发挥应注重以下3个方面。

1. 完善科研人员考评机制，提升学研方创新活力

目前，高校和科研机构对科研人员的考评主要关注科研人员的学术论文发表情况，这种单一的考评制标准严重制约了科研人员参与到产学研合作过程的积极性。学研方应将科研人员参与产学研合作项目研发和参与科技成果产业化的情况纳入考评机制，从源头上提升产学研结合科技创新的积极性，最大化地发挥学研方在产学研结合科技创新过程中的价值。

2. 强化学研方与企业交流，培养应用型科技人才

目前，企业和学研方的合作还多数停留在项目合作研发阶段：学研方着力研发科技成果，而科技成果的转化基本由企业独立完成，这种合作方式不仅不利于产学研联盟的形成，还在某种程度上降低了科技成果的转化率。山西省可以借鉴广东省产学研合作的宝贵经验：一方面，可以从高校和科研机构选拔优秀人员长期驻扎企业，运用其扎实、全面的学科基础知识指导企业

的一线生产，为企业人员提供长期专业培训，参与企业的一线生产还可以提升科研人员的实践素养，同时加强企业和学研方互相沟通交流，促进长期产学研战略联盟的形成；另一方面，可以将产学研科技发明团队的骨干人员派往企业，亲身参与科技成果试验、开发和推广，不仅有助于学研方掌握市场信息，把握科研方向，还提高科技成果市场转化效率，从而提升产学研结合科技创新效率。

3. 建设科技基础创新平台，推进学研方与企业对接

学研方应充分利用多样化、强深度的科技资源优势，组建跨领域、跨学科的科技创新平台，实现高校、科研院所间资源互惠。山西省可以借鉴江苏高校科技网（校果网），它是由江苏省教育厅和江苏省高校科技发展中心共建的产学研合作平台，江苏高校科技网收集并整合了江苏省内外高校和著名科研院所的科研成果、发明专利、著名专家、投融资等众多科技相关资源（每所高校在这一网站平台上可以独立建立自己的页面和空间，根据各自院校的科研情况，及时发布和更新最新成果资源），江苏省借助这一平台在加强高校和企业之间、高校与高校之间信息交流的基础上，引导企业和高校实现产学研对接，迅速提升科技创新能力。

第五章 支持企业研发创新的其他主体

本章讨论技术创新服务平台的产学研以外的其他要素，主要包括政府、金融机构、科技中介、科技基础条件平台等。从某种意义上说，技术创新服务平台的研究类似于创新联盟的研究[42]，但二者又有不同，平台侧重于服务，而联盟则侧重于合作。

一、政府

政府在技术创新服务平台构建和运行中起着无可替代的重要作用，如果说企业主导产业技术创新，政府则主导平台运行，而且是连接平台各要素的桥梁和枢纽。政府发挥作用的主要形式和途径是组织、政策、监督等。

（一）省政府

在山西省产学研合作发展的过程，山西省人民政府为了推动产学研合作的发展，加快科技成果的转化，实现科研机构与企业的有效对接，先后颁布了多项旨在促进产学研发展的政策法规，如《山西省推动产学研合作实施办法》《山西省人民政府关于加快区域科技创新体系建设的若干意见》《关于促进产学研合作推动科技成果转化的实施意见》《关于加快科技中介服务发展的实施意见》等，这些政策和法规从制度层面为产学研合作提供了坚实的保障，从而使得山西省产学研合作能够在一个有效的制度环境中顺利进行。

（二）省科技厅

省科技厅积极推进产学研合作，主要抓手是推动产业技术创新战略联盟的构建与发展，制定了《山西省产业技术创新战略联盟管理办法》和《山西省产业技术创新战略联盟建设方案》。截至 2017 年，共组建联盟 100 多家。

1. 产业技术创新战略联盟构建的指导思想和基本原则

（1）指导思想

产业技术创新战略联盟（以下简称"联盟"）的建设，要以改造提升传统优势产业，培育发展新兴产业，做好煤与非煤两篇大文章为导向，以组织和凝聚科技、产业资源为核心，以提升企业自主创新能力和产业核心技术竞争力为宗旨，实现企业、高校和科研机构等在战略层面的有效结合，共同突破产业发展的技术瓶颈，全面提升山西省产业国际竞争力。

（2）基本原则

坚持"政府引导、市场导向；要素融合、协同创新；重点突破、合作共赢"的建设原则，完善以企业为主体、市场为导向、产学研相结合的技术创新体系。

符合山西省科技创新及战略性新兴产业的中长期规划，符合国家产业政策和低碳发展的政策导向。"联盟"应具有较强的产业带动作用，有利于集聚创新资源，推动产学研用相结合，提高产业技术创新能力。

联盟的活动应有利于推动相关产业实现重大技术突破，形成产业核心技术标准，支撑和引领产业技术创新；有利于解决产业发展的共性、关键、核心技术问题，形成优秀科技成果并转移转化；有利于提升产业核心竞争力，促进产业结构优化升级。

2. 主要建设目标

加强"联盟"在产业构建、技术研发、标准化促进、资源共享、行业交流、市场推广、品牌培育等方面的合作，提升区域创新活力。

到2020年，在煤基低碳、现代农业、高端装备制造、新能源、新能源汽车、电子信息、节能环保、现代物流等重点领域，建成40~50个省级产业技术创新战略联盟，力争5~10个进入国家产业技术创新战略联盟的行列。

推进30项重大自主创新产品的开发和产业化，形成15项省级行业标准，建立和完善10个技术创新平台，建成10个产业技术创新团队。

就"联盟"核心企业而言，R&D经费支出占主营业务收入比重达到2%以上，创新产品销售收入占企业总收入的50%以上，万名就业人员发明专利拥有量达到15件以上。

3. 主要任务

①进一步深化产学研合作，探索新的产业技术创新机制和模式，提升产

业创新效率，带动重点产业发展，使"联盟"成为新型的"技术研发中心、产业示范中心、高效制造中心"。

②开展联合攻关和技术研发。广泛聚集产学研等创新资源，联合攻克制约产业发展的共性、关键、核心技术难题，提升产业核心技术竞争力和产业创新效率。

③促进科技成果转移转化。综合运用引导性资金、贷款贴息、偿还性资助、研发投入后补助等多种方式进行科技成果转移转化和产业化发展，提升产业整体竞争力。

④扶植和培育一批在国内外具有广泛知名度和影响力的联盟，依托"联盟"做强一批龙头骨干企业，做强一批新兴、优势产业，形成若干专业化有特色、产业链条完整、市场规模大的优势产业群，带动山西省经济结构调整和发展方式转变。

⑤形成自主知识产权和产业核心技术标准。创造、运用和保护自主知识产权，积极参与相关技术标准的制定或修订，推进价值链向高端发展。

⑥加强国际和国内交流。"联盟"及各成员单位积极参与国内外市场的开拓和竞争，取得竞争优势，促进科学技术成果的转移、应用和推广。积极开展国内外人才、学术、技术培训的合作交流。

（三）省教育厅

2015 年 7 月，山西省教育厅制定了《山西省高校协同创新中心建设发展规划》，指出要按照"需求导向、深度融合、择优支持、分类实施"的总体要求，以"山西急需、国内一流"的重大需求为导向，以重大协同创新任务为牵引，以体制机制改革为保障，以产学研结合为主线，以协同创新平台构建为重点，汇聚优秀创新团队，聚集各类创新资源，创新人才培养模式，深化国际合作交流，优化创新环境，提升人才、学科、科研"三位一体"创新能力，以高校人才培养质量和创新服务能力的显著提升为目标，使高校协同创新中心成为具有国内重要影响的学术高地、行业产业共性技术的研发基地、区域创新发展的引领阵地和文化传承创新的主力阵营。

通过政策和资金引导，按照"制度先进、贡献突出"择优培育和建设一批人才培养、学科建设和科学研究"三位一体"的高校协同创新中心，推动高校与高校、科研院所、行业企业、地方政府以及国内外科研机构的深度融合、协同创新。2015 年认定了 14 个，2016 年认定了 8 个。

二、金融组织[43]

（一）山西省金融发展支持技术创新概况

长期以来，山西省一直依赖于煤炭资源发展，对高新技术产业的发展缺乏重视，造成了经济创新发展缺乏活力的现状。从实际情况来看，山西省的科技型企业经营状况不稳定，风险承受能力较差，难以与大型企业相抗衡。因此，融资渠道也相对狭窄，其融资缺口还是很大。造成这一问题的主要原因有以下几个方面。

1. 政府支持力度不足

政府资金对高新技术产业发展起着重要的作用，但是，由于受到自身职能的限制，政府不可能为企业提供大量的资金来满足其发展。同时，由于科技型企业的不确定性，政府会为了避免承担过多风险而降低投资于科研项目的热情。其次，政府对高新技术产业的支持不仅仅在于资金上的帮助，还表现在政策的制定上。近年来，山西省虽然也出台了一些政策，如税收优惠政策等，但是效果不太明显。

2. 融资体系不完善，直接融资渠道少，间接融资渠道窄

大多数科技型企业都有着资金缺乏、抵制风险能力弱的缺点，这就使得银行等金融机构对其望而远之。由于科技型企业的固定资产很少，缺乏抵押品，能够得到的抵押担保也十分有限。而在股票市场上，科技型企业更是难以符合其上市标准。近年来，虽然风险投资在逐步兴起，但是其规模和数量都很少，能获得其资助的企业就更少了。尽管山西省已经加大对高新科技企业的扶持力度，但是所获资金与其需求还是不相适应的。同时，山西省的整体融资体系不够完善。例如，在上海和北京等城市已相继出现"知识产权质押贷款"，可见山西省在金融创新方面的落后。

3. 授信流程复杂，评级授信标准高

现阶段，山西省缺乏专业服务于科技型企业融资的金融机构。传统银行对贷款的对象仍然偏好于大型企业，对中小型企业的资金支持远远不能满足其发展需求。同时，在审批流程上存在烦琐、时间漫长等特点，导致科技型企业的融资更加困难。从评级授信标准来看，虽然全省已建立了相对完善的企业评级授信体系，但是由于指标繁多、标准较高，一般科技型企业是无法满足该标准的。

近年来，山西省为发展高新技术产业，尤为重视科技金融产业的动态，积极促进科技厅与商业银行合作，以达到为高新技术企业和科技型中小企业提供融资服务的目的。2014 年浦发、民生、中信三大银行为高新技术企业授信共计 65.43 亿元，贷款 21.07 亿元，对推动山西省高新技术成果的转化发挥了无可替代的作用。同时科技厅积极与英大泰和保险公司合作，推动了科技保险业的发展①。

2015 年 7 月，山西省人民政府印发《山西省金融改革发展总体规划（2015—2020 年）》，重点强调要加强对科技创新的金融服务。第一，通过金融服务方式的创新，加强科技与金融的结合。具体有保险资金直投、融资租赁、信托投资计划、资产证券化等方式，拓宽了科技型企业的融资渠道。第二，引导股权投资机构向科技型企业投资。鼓励有条件的科技企业在银行间债券市场发行企业信用债券；支持成长型科技创新企业完善股权结构，鼓励其在主板、中小板、创业板上市或"新三板"挂牌融资；支持在山西科技创新城设立融资租赁公司、商业银行专业支行、小额贷款公司、保险专营机构、融资担保公司，吸引私募股权基金、风险投资金等机构入驻，打造功能较为完善的金融集聚区。

（二）加强金融对技术创新的支持

为了促进山西省的成功转型，发展科技是其核心要素。通过上述分析与经验的借鉴，本书提出以下对策与建议来促进山西省金融支持科技发展的良好运行。

1. 创新税收优惠体制，建立完善的政策法律保障机制

良好的税收优惠体制可以加强企业的内源融资动力。现在，科技型企业的主要融资渠道是自有资金，降低税收标准是缓解企业融资难的最直接的方式。另外，建立完善的法律体系也是促进创新发展的根本措施。自从《国家中长期科学和技术发展规划纲要（2006—2020 年）》及其配套政策颁布以后，相关部委已出台了 20 多个关于科技金融方面的文件。2013 年 4 月，山西省政府也颁布了《关于进一步支持中小微企业发展的措施》，明确提出要在税收等方面支持科技型小微企业的发展。但是由于起步较晚，目前相关方面的法律体系不够完善，还需要进一步的发展与细化。所以，山西

① 资料来源：山西省科技厅政府网站。

省政府需要加强相应的立法工作，为山西省风险投资的发展提供可行的法律依据。

2. 开辟多层次、多元化的融资渠道

目前，山西省的科技型企业大多通过银行贷款来解决资金问题，这样单一的融资渠道根本无法满足其资金需要。因此，发展多层次、多元化的融资渠道刻不容缓。在开辟新的融资渠道过程中，我们应该借鉴国内外成功经验，并结合山西省实际情况进行探索新的融资途径和方式。首先，应建立针对科技型企业发展的专业的金融机构。例如，杭州市于 2009 年 7 月成立了"科技银行"，专门为高新技术产业提供资金支持，首月为当地高新技术企业提供的授信额就达到 2 亿元①，其作用不可小觑。其次，加大商业银行科技金融服务和产品创新，完善科技信贷服务体系。山西省政府要积极引导省内的金融机构针对科技型设立专营机构，创新科技型企业金融产品，完善和创新无形资产评估体系和质押方式，优化服务流程，积极探索如融资租赁业务、产业链融资、进出口融资担保等适合企业科技创新活动特色的金融服务。

3. 充分发挥政府引导作用，积极鼓励风险投资和创新基金的发展

充分发挥政府引导作用，大力发展各种形式的众创空间，充分发挥政策性金融对企业科技创新的支持作用，逐步形成"天使投资 + 科技信贷 + 政府引导风险投资"的金融服务体系。风险投资自产生起就与高新技术产业的发展紧密相关，其表现在：前者借助后者增值，后者通过前者来获得资金支持。风险投资基金作为科技型企业的重要融资渠道，历来受到很高的重视。但是在山西省，风险投资基金主要来自于政府财政注入，规模小，渠道单一，致使当地风险基金业发展远远落后于全国平均水平。因此，完善风险投资行业的融资制度，并建立相关监管体系将对高新科技企业的发展产生深远的影响。另外，虽然创新基金的发展已受到全社会的广大关注，但是仍然有一些科技型企业对此不是很了解，所以，应该积极发展各种类型创新基金，扩大其在孵化和支持科技型中小企业发展的作用。

4. 大力推进高新技术企业融资中介平台发展，积极利用"新三板"市场

建立一个综合性高新技术企业融资服务市场可以有效解决资金供需不平衡的现象。一个分工明确、运作规范的为高新技术企业融资提供服务的社会

---

① 数据来源：中国中央人民政府门户网站 http://www.gov.cn。

中介机构体系，一方面可以使高新技术企业通过辅导和帮助，增强经营素质，提高其自身的融资能力；另一方面也可以使社会中介机构将融资主体、融资对象和政策等各有关方面紧密联系在一起，排除高新技术企业在融资渠道上的障碍，使其融资活动更加顺畅而有效。因此，山西省应该依托各种类型的高新技术园区，积极发展高新技术企业融资中介平台。例如，发展创投服务中心，努力吸引更多风险投资和私募股权投资机构入驻，加强资本与项目对接；建立科技金融中心，吸引从事科技中小企业融资的大中型机构入驻；建立民间投资理财管理中心，充分利用山西省民间资本，积极发展资产管理业，吸引基金投资管理总部落户。同时鼓励省内高新技术企业积极利用"新三板"进行低成本的融资。

5. 搭建融资担保平台，降低金融支持风险

第一，完善担保机构的风险控制。首先，要建立完善的监督机制。相关部门在对信用担保机构成立时要进行严格的审查，确保其符合担保机构成立的条件，从源头上防止风险的出现。其次，相关部门要对受保企业进行监督，如项目进展、资金用途、企业财务状况等，确保运行风险最低。

第二，鼓励民营担保机构的成立。高新技术产业对资金的需求巨大，仅靠政府出资成立担保基金是无法满足其需求的，因此，要发挥民间的力量。建立民营担保机构，实行自主经营、自担风险、自负盈亏和自我发展的经营模式，不仅壮大了担保行业的规模，也增加了科技型企业融资的渠道。

第三，推动担保机构运行市场化。担保作为准公共品，是离不开政府干预的，但是担保是市场经济的产物，必须在市场机制的运行下才能发挥最大效用。因此，山西省应该建立以市场为主、政府为辅的融资担保体系，发挥市场的主要力量，促使政府从提高资金向提供良好的融资环境转变，使担保机构在市场环境下健康成长。

三、科技中介组织

（一）科技中介组织概述

1. 科技中介组织的概念

科技中介组织是指以法律法规为依据，以技术为商品，以推动技术转移、转化和开发为目的，在政府、创新主体、创新源及社会不同利益群体之间，发挥桥梁、传递、纽带作用，面向社会开展技术扩散、成果转化、技术

评估、创新资源配置、创新决策和管理咨询等专业化服务的组织机构。根据
科技中介组织的定义，可以说科技中介组织是社会中介组织与市场中介组织
两者的交叉和延伸。由于科技产业的兴起，使得科学技术作为生产要素进入
市场，在市场的交易中，出现了以技术为商品，推动技术流通、技术转移、
转化和开发为目的的中介组织。我们可以用图 5.1 来表示三者之间的关系。

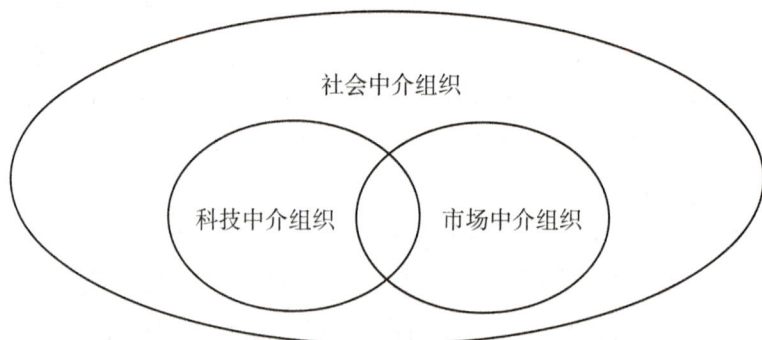

图 5.1　科技中介组织与社会中介组织及市场中介组织的关系

从图中，我们能明确地看出三者之间的关系。即广义的社会中介组织包
括市场中介组织，它是由市场中介与狭义的社会中介构成；市场中介组织和
社会中介组织存在交叉，即非营利性的市场中介与执行社会职能的社会中介
是一致的；而科技中介组织作为社会中介组织的一种，和市场中介组织也存
在交叉。

2. 科技中介组织产生的背景

中介组织的产生是市场经济发展的必然结果，那么作为中介组织中比较
重要的一种——科技中介组织，其产生具有其必然性和必要性。科技中介组
织的产生与发展反映了科技与经济一体化的趋势。邓小平的"科学技术是第
一生产力"的著名论断精辟地阐明了科技进步在经济发展和社会进步中的突
出作用：科技是生产力诸要素中最活跃和最活泼的因素，尤其是现代高科技
作为竞争的制高点，作为新时期历史的火车头，作为未来经济增长、社会发
展和文明进步的有力杠杆，已为整个人类所关注，经济发展的程度已越来越
多地取决于科技进步的程度；同样，经济的飞速发展为科技的进步提供强大
的物质保障和经费支持。科技中介组织本身的特点就决定了它在科技与经济
一体化背景下产生，在科技进步与经济发展关系日益密切的情况下不断发展
壮大，并占有举足轻重的地位。

科技中介组织是一个以科学技术为依托，为经济和社会发展提供智力服

务的新兴行业。随着信息产业的兴起，特别是以服务为主要特征的网络产业、软件产业及其相关的服务业的迅速发展，科技第三产业的范畴得到迅速扩充，科技中介组织也就自然成为科技第三产业的主要生力军。而科技与经济一体化的背景则为科技中介组织的发展和完善提供了更为有利的条件。

3. 科技中介组织的类型

①从科技活动的参与形式将其分为3类：一是直接参与服务对象技术创新过程的机构，如生产力促进中心、创业服务中心、工程技术研究中心等；二是主要利用技术、管理和市场等方面的知识为创新主体提供咨询服务的机构，如科技评估中心、科技招投标机构、情报信息中心、知识产权事务中心和各类科技咨询机构等；三是主要为科技资源有效流动、合理配置提供服务的机构，如常设技术市场、人才中介市场、科技条件市场、技术产权交易机构等。

②从兴办的主体来分，主要分成：一是政府资助设立的非营利性科技中介组织；二是依托大学、研究机构或行业协会设立的独立科技中介组织；三是民间独立的以营利为目的的科技中介组织。我国主要以政府或事业单位有关的非营利性中介机构和营利性机构两种类型为主。

4. 科技中介组织的特点

在现代社会中，科技中介组织则是属于市场中介体系中新的、高层次的中介组织，与其他的中介组织相比，具有明显的特点。

第一，从知识结构上看，它与科技进展息息相关，科技含量高。以一定的自然科学和国家的政策、法规知识为其主要知识资源，以高智力的脑力劳动者为其主体。

第二，从服务方向看，主要为科技市场提供全方位的中介服务。例如，为技术交易的双方提供技术商品供求信息、市场调查、技术评估、组织谈判、资金融通等，从而推动技术成果转化为现实生产力。

第三，从与市场的联结关系上看，它与科技市场紧密相连，它的产生是科技发展的客观需要和必然产物，它的发展也同样离不开科技市场的支撑。

5. 科技中介组织与创新主体的协同发展

创新主体的有效沟通、良性互动，形成了创新系统的无形脉络，凸显出其作为系统的整体性特征。创新主体之间的联系和交流包含着诸多方面，知识的流动、扩散和传播，金融资产的转移，各种资源的流动，任何沟通的时效性都对整个创新过程产生影响。科技中介组织在各种资源调配，生产要素流动的过程中发挥协调的作用，当企业需要技术支持时，可以向科技中介组织提出帮助需求，科技中介组织在科研机构和大学的科研成果中寻找到符合企业需要的相应内容，并安排好双方实现对接的各项细节，从而提高了企业的创新成功率，促进了科技成果的转化。当创新的方向和策略不够明确时，企业可以向提供该方面服务的科技中介组织进行咨询，科技中介组织中的专业人才通过对大量资料的分析以及对发展形势的把握，分析市场环境，协助企业选择创新投入的落脚点。当企业在财务、法律等任何方面出现问题时，都可以通过科技中介组织来寻找解决途径，各种功能定位不同的科技中介组织能够满足企业在创新过程中多种多样的需求，会计师事务所、技术价值评估机构、律师事务所，以及劳动力市场、人力资源交易中心、生产力促进中心都是具有强大的专业能力或是综合实力的科技中介组织。

（二）山西省科技中介现状

创新活动结束，创新产品需要进入市场。中介服务机构即是创新研究和成果转化的桥梁。通过"知识"和"技术"的扩散，进而协调创新主体之间的关系，中介服务机构创新力量投入不足，扩散作用便难以实现。

这里从基础中介服务载体投入情况入手，结合中介服务机构的扩散作用分析可得，山西省对中介服务机构的投入力度不足，中介服务机构拉动效应较小，山西省中介服务机构扩散效应亟待发展和提升。

2009—2014年，这6年间，山西省中介服务机构基础载体投入不足，且发展不明显。其中，重要实验室发展平稳，基本维持在30家左右，几乎没有多大的变化；生产力促进中心自从2009年的103家增长到了到2010年的135家后，之后总量再没有发生变化；政府部门属研究与开发机构的数量整体没有发生变化，一直保持在133家或132家。2009—2014年，山西省中介服务机构投入及扩散情况如表5.1所示。

表5.1 中介服务机构投入及扩散情况（2009—2014年）

指标 年份	生产力促进中心资金投入情况				技术交易市场成交情况	
	政府投入 /千元	非政府投入/千元	总投入 /千元	政府投入占总投入比重/%	单位合同成交额/亿元	成交金额占GDP的比重/%
2009	15 472.7	229	15 701.7	98.54	0.36	1.57
2010	22 680.68	1468	24 248.7	93.92	0.32	1.44

指标\年份	生产力促进中心资金投入情况				技术交易市场成交情况	
	政府投入/千元	非政府投入/千元	总投入/千元	政府投入占总投入比重/%	单位合同成交额/亿元	成交金额占GDP的比重/%
2011	40 677	23 685.12	64 362.1	63.20	0.37	1.35
2012	31 170	5546	36 716	84.89	0.49	1.46
2013	46 510	6515	43 586	87.09	0.51	1.32
2014	48 901	7219	52 130	81.80	0.59	1.29

数据来源：2010—2014 年山西科技统计年鉴及山西省统计信息网。

从山西省中介服务机构中基础创新载体生产力促进中心的资金投入情况分析（表 5.1）可知，生产力促进资金投入不足，不但没有增长，反倒于 2012 年有所下降，总投入比 2011 年下降了 27 646.1 千元；中介服务机构中政府资金的投入、非政府资金的投入与生产力总体资金投入变化趋势是一致的；政府投入生产力促进中心资金占总体资金投入的比重整体呈下降趋势，由 2009 年的 98.54% 下降到了 2014 年的 81.80%，这也说明了生产力促进中心中非政府资金的投入是逐年递增的，表明了山西省中介服务机构虽整体发展滞后，但与其他创新主体之间的协作还是较好的。

由表 5.1 分析可知，山西省中介服务机构的扩散效应发展得相对较好，即单位合同成交额整体呈增长的趋势变化，但变化趋势不是很明显，仅由 2009 年的 0.36 亿元增加到了 2014 年的 0.59 亿元，说明了中介服务机构的扩散作用虽发展不是很明显，但还是在稳步的发展；技术市场成交金额占 GDP 的比重非但没有增加，反倒整体呈下降的趋势，由 2009 年的 1.57% 下降到了 2014 年的 1.29%，说明了中介服务机构对于山西省经济的拉动程度不大。

（三）进一步发挥科技中介组织的作用

1. 为科技中介机构的发展建立良好的法律、法规体系

通过对国外科技中介组织发展现状的研究，我们可以了解到法律、法规体系是科技中介组织发展的基础，是保证科技中介服务健康发展的制度条件。

美国和日本都是市场经济高度发达的国家，对作为经济产物的中介机构

的发展有十分完善的法律和法规体系,特别是对中介机构营利和非营利的界定十分严格。政府在促进国家及民间非营利科技中介机构的发展方面做了很多工作,发挥着十分重要的作用。

山西省发展科技中介机构,应当从完善法律与政策环境入手,区分营利和非营利机构,给予不同的政策支持,特别是非营利机构的制度建设,使各类科技中介机构都有明确的职责和定位。当前,要加强促进科技中介服务发展的政策法律法规体系建设,制定政策研究和立法规划,积极推进政策制定和立法工作,适应科技中介服务的发展及 WTO 规则框架的要求。同时,要重视政策和法律法规的实施,坚决落实已经出台的各项政策。

2. 给予政策优惠和资金支持

在日本,对于国立科技中介机构,有详细的法律(通常称之为"成立法")作为其支撑和指导,成立法有明文规定,国家或地方政府财政每年通过其主管省厅或地方自治体下拨"人头"费和开办业务所需的必要经费。经费在年度预算中列支,经常经费列入"一般会计",个别特殊的委托研究等列入"特别会计"。国立科技中介机构的人员仍为国家公务员,对于民营的中介服务机构,主要采取服从制形式,自主经营,自负盈亏。

在美国,大多数的科技中介机构属于非营利机构。因此,它们能享受政府对非营利机构提供的一系列政策优惠,当然这种优惠并不特别针对科技中介机构,而是适用于一切非营利机构。实际上,非营利科技中介机构和政府的目标并不是一致的。它们更多是扮演企业和政府之间的一个"中间人"的角色。如前文所述,综合性非营利科技中介机构中的多数是以行业和企业协会的形式存在。这些协会直接服务于企业,往往更多代表企业的利益。

在山西省发展科技中介机构,应该借鉴美国和日本的成功经验,为山西省科技中介机构的发展提供必要的政策支持和资金扶持。

3. 培育具有良好信誉、优质服务和高素质的人才队伍

良好的信誉和高质量的服务是国外科技中介机构发展的基础。科技中介服务作为一种后生市场,其发育必然依托于主市场的完善。在美国、日本等市场经济发达、法制健全完善、社会理性化程度较高的国家,科技中介机构受到市场竞争、法律约束和行业自律 3 方面的共同制约,促使它们必须守信誉、重质量,在规范下运作。

科技中介服务是一种专业性很强的工作,往往需要具有技术、营销、法律专长和良好产业关系的人组成的团队才能胜任。国外科技中介机构对人员

的要求往往是贵在专和精，而不在多。例如，规模较大的英国技术集团，其职员还不到 200 人，美国研究技术公司也只有 30 多人。这些科技中介机构虽然人员不多，但人员的素质却都很高，大都具有理、工、商、法律等两种或两种以上的专长，大都具有博士学位和企业工作经验。

4. 服务领域和方式不断创新

科技的快速发展对科技中介服务提出了越来越高的要求。一方面，科技发展日新月异，高新技术成果层出不穷，国外科技中介机构唯有紧紧跟踪科技发展的步伐，只有能够在众多的研究成果中快速、准确地识别出真正具有潜在市场价值的技术，才能在科技中介市场竞争中站稳脚跟；另一方面，技术的快速发展和市场竞争的加剧，导致技术转让的周期大大缩短，要求科技中介机构将研究成果推向市场的速度必须加快。与此同时，经济全球化带来的全球范围的商品交换、资金流动、信息传播、人员往来的加速，也促使科技中介机构在具有全球视角的同时，必须提高科技中介的效能。面对种种挑战，科技中介机构唯有通过创新，不断推出满足变化市场需求的服务，才能生存和发展。

企业的技术创新是多阶段、多角色参与的复杂过程，大多数企业进行技术创新，需要外部提供各种各样的创新支持服务。科技中介机构不仅要向企业推荐技术，还要帮助企业进行具体实施，为企业提供从技术立项、融资、研究开发、咨询到技术管理等的服务，以吸引客户。

山西省科技中介机构要想实现快速、健康和持续的发展，需要加强科技中介机构的自身建设，加强科技中介机构的管理机制建设、信息建设和人才队伍建设等。

四、科技基础条件平台

（一）科技基础条件平台的构成和要求

科技基础条件平台是充分利用现代信息技术等手段，创新机制，有效整合科技资源，为全社会的科学研究、技术创新和社会民生提供共享服务的网络化、社会化的组织体系。科技平台作为提高科技创新能力的重要基础，已成为国家创新体系的重要组成部分、政府管理和优化配置科技资源的重要载体、开展科学研究和技术创新活动的物质保障，是提升科技公共服务水平的重要措施和有力抓手。

科技基础条件平台包括以下几个组成部分：研究实验基地和大型科学仪器设备共享平台、自然科技资源共享平台、科学数据共享平台、科技文献共享平台、成果转化公共服务平台、网络科技环境平台等。

科技基础条件平台建设要以建立共享机制为核心，以资源系统整合为主线，充分运用现代信息技术，利用国际资源，搭建具有公益性、基础性、战略性的科技基础条件平台，有效改善科技创新环境，增强持续发展能力，为科技长远发展与重点突破提供强有力的支撑。

（二）平台建设重点

1. 研究实验基地和大型科学仪器、设备共享平台

在整合部门、地方相关研究实验资源的基础上，组建跨领域、高水平的基础性研究实验基地，提高重点领域的装备水平，打破封闭，营造开放、共享的研究实验环境。

在巩固区域性大型科学仪器协作共用网的基础上，推进大型科学仪器、设备、设施的建设与共享，逐步形成全国性的共享网络，提高仪器、设施的综合利用效益。

对现有的野外观测台站（网）进行评估、筛选、整合与重组，加快信息化建设，改善台站观测环境和科研条件，形成一批联网运行和资源共享的综合性、专业性野外观测实验基地。

2. 自然科技资源共享平台

加强动物、植物种质资源，微生物菌种、人类遗传资源，标准物质、实验材料，岩矿化石标本和生物标本等资源的搜集、保藏和安全保护，整合和完善国家种质资源库、国家实验材料和标准物质资源库、国家岩矿化石标本和生物标本资源库（馆）。

按照统一规范的要求，提高资源加工、利用的数字化水平和管理水平，完善信息化、网络化的服务体系，形成体现区域特色、质量稳定、库藏不断增加、保存和利用水平持续提高的自然科技资源保障体系。

3. 科学数据共享平台

打破条块分割，对相关部门和行业长期持续积累的数据资源，以及科技计划项目的数据进行整理、汇交和建库。抢救濒临丢失的重要科学数据，重要历史资料要尽快做到数字化。

以政府资助获取与积累的科学数据资源为重点，整合相关的主体数据

库，构建集中与分布相结合的科学数据中心群。提高与国际科学数据组织的信息交换能力，推动面向各类创新主体的共享服务网建设，形成科学数据分级分类共享服务体系。

4. 科技文献共享平台

扩充、集成科技文献资源，加强专利、工艺、标准、科技报告等文献资源的建设。实现印刷版和电子版、网络版资源互补。开辟利用国际科技文献资源的各种渠道。

加强数字图书馆标准的研究，逐步建设各类数字化的科技文献资源库。促进相关部门、地方科技文献网络系统的对接和共享。鼓励各类文献服务机构采用多种现代化手段和服务方式，构建种类齐全、结构合理的科技文献资源保障和服务体系。

5. 成果转化公共服务平台

充分发挥共性技术开发、中间试验、产品测试等方面机构的作用，并根据产业发展的需要，提高其配套和工程化技术服务水平。

构建技术交流与技术交易信息平台，提升技术市场的信息化服务水平，强化相关科技中介机构的服务功能。

完善高新技术开发区和其他各类科技工业园的服务和孵化功能，营造科技产业化的良好环境。

6. 网络科技环境平台

推进大型科学仪器设备的远程应用，研究开发网络实验系统和远程仪器设备控制系统，选择若干重大科学领域构建网络实验环境。

发挥高性能计算中心功能，构建数据网格、计算网格，实现计算资源的共享。

充分利用现代网络技术和公共网络基础设施，构建服务于全社会科技活动的跨地域、实时的网络协同环境。

（三）山西省以科技计划支持科技基础条件平台

根据《山西省科技计划（专项、基金等）管理办法》（晋政办发〔2016〕52号），科技计划分为应用基础研究计划、科技重大专项、重点研发计划、科技成果转化引导专项（基金）、平台基地和人才专项5类。

平台基地和人才专项突出创新能力建设。围绕全省重点产业和重点社会发展领域，支持各类创新平台、基地的布局建设和能力提升，支持创新人才和优秀团队的科研工作，共享创新公共资源，为提高科技持续创新能力提供条件保障。平台基地和人才专项重点支持在相关领域具有重大影响力和带动力，具备较强资源优势、研发优势和团队优势，产学研结合紧密，能对全省创新驱动发展起到重要支撑引领作用的创新平台和团队。加大对大众创业、企业公共技术服务平台和孵化器建设的支持力度。

平台基地专项包括省科技厅管理的重点实验室、工程技术研究中心、科技基础条件平台、科技企业孵化器及省发展改革委管理的工程实验室、工程研究中心等组成，涵盖科学研究、技术开发与工程化、成果转化与产业化等创新链各环节。按照《山西省科技基础条件平台建设计划管理办法》，平台计划是山西省科技计划的重要组成部分，是推进全社会科技进步与创新的重要的基础性工作。平台计划的实施为全省科技起到了重要的支撑作用。平台计划突出科技资源共享和科技基础条件建设，主要支持科技文献、科学数据、自然科技资源、大型科学仪器设备共享资源整合与共享平台建设，还支持研究实验基地、科学仪器装备、专业科技创新平台、技术转移服务平台等基础条件建设。

（四）山西省科技综合管理服务平台（系统）

为加强和完善山西省科技计划管理，实现数据的相互贯通，做到与国家平台的完美对接，山西省科技厅在基础数据统一编码、统一标准的前提下，搭建了"山西省科技综合管理服务平台（系统）"。

1. 平台简介

山西省科技综合管理服务平台（系统）是科技公共服务平台的信息化形式，为研究开发、成果转化、技术交易等提供支撑和便利。包括五大子平台，分别为："山西科技资源开放共享管理服务平台""山西科技计划管理信息平台""山西科技成果转化和知识产权交易管理服务平台""山西科技报告服务系统""山西高新技术企业管理服务平台"。下面以"山西科技资源开放共享管理服务平台"为例，说明此类平台的功能及运行。

"山西科技资源开放共享管理服务平台"是根据《国务院关于国家重大科研基础设施和大型科研仪器向社会开放的意见》精神和《山西省人民政府关于大型科研设施与仪器等科技资源面向社会开放共享的实施意见》有关部署，共同推进山西省科技资源向社会开放共享，提高科技资源利用效率和共享水平，充分发挥大型科研设施与仪器等科技资源对山西省科技创新的服务支撑作用，结合山西省实际，建成布局合理、功能完善、体系健全、共享高效的平台系统。平台实现全要素科技资源开放共享管理服务，大型科研设施与仪器平台（落实国务院 70 号文）、科技基础条件平台、科技创新券（由政府向科技型中小微企业免费发放的一种权益凭证）等向社会开放共享，提高科技资源的利用率。

2. 服务分类

山西科技资源开放共享管理服务平台的服务种类目前可以分为三大类 10 个小类，分别是实物资源、数据资源、服务资源。其中实物资源包括种质资源、标准物质；数据资源包括科学数据、论文文献、科普资讯、成果转化；服务资源包括咨询服务、仪器设备服务、数据服务、野外科研协作。

这些分类是暂时拟定的，可能今后还会增加。用户在提交一个需求时，必须指明属于某个大类及大类下面的小类。同时，平台的资源服务，必须对应到某个大类某个小类或多个小类。具体分类情况见图 5.2。

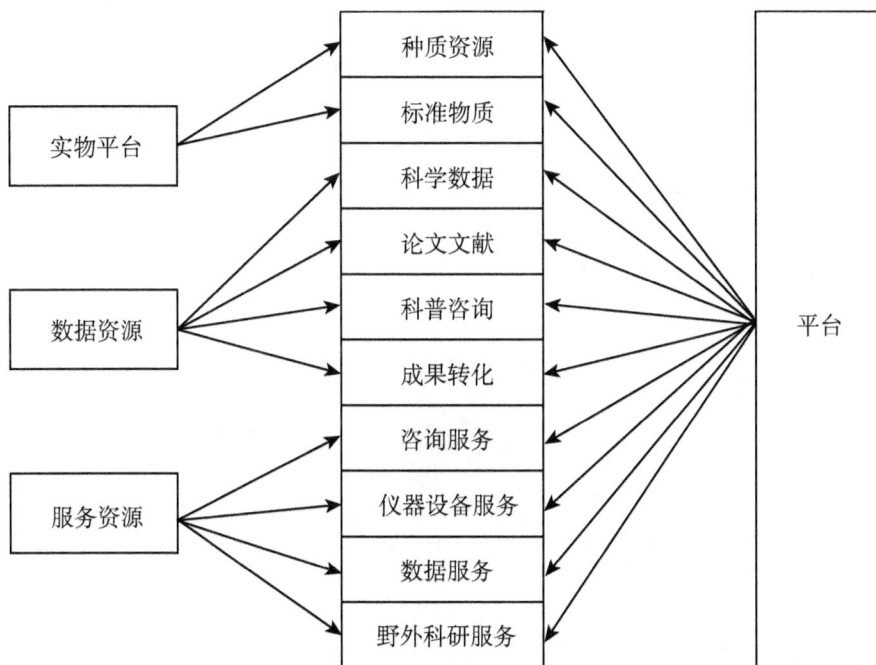

图 5.2　科技资源开放共享管理服务平台示意

3. 安全问题

由于山西科技资源开放共享管理服务平台的服务涉及金钱交易，必然涉及安全问题，所以制定一套完整的安全机制非常有必要。在这里，系统从以下 4 个方面来确保安全问题。

①对于普通用户，账户只进不出，即只可以申请资源币，但不提供提现功能。

②用户的所有涉及账户的业务都在数据库中有详细记录，记录所有操作及操作者。

③用户在申请资源币，即账户充值时，系统只接受邮政汇款。用户在申请完成后，应上传申请单，以供系统确认。

④系统收到申请单时，在确认汇款信息无误后，需要业务人员和系统管理员同时操作，即经过两个人的操作，才算充值成功。

对策篇

第六章　山西省企业研发创新公共服务平台构建模式

企业研发创新公共服务平台构建模式，包括创新要素、创新动力、创新形式、创新过程等内容。企业研发创新公共服务平台是这些内容的有机结合。

一、产业技术研发创新要素[41]

1. 核心主体——企业

企业作为协同创新的核心主体，发挥着如下主导作用。第一，企业是产学研合作的创新资金的主要提供方，一种新产品从研发到投产需要大量的资金支持，而相较于研究所和高校在资金方面的不足，企业资金相对雄厚，为产学研合作创新提供资金保障，也正因为如此，企业在产学研合作中承担了主要风险。第二，企业是产学研合作创新的掌舵者。企业是与市场直接接触的一方，是市场需求信息的反馈者，因而其对合作项目选择、产品的研发、新技术的产业化有着绝对的主动权，并时时以市场需求为导向，严格监督产学研合作的各个过程，确保产学研合作的有效性。第三，企业是创新成果产业化的主导者，在创新成果产业化阶段，即产品生产、技术市场交易等环节主要是由企业来负责的。无论是项目选择还是产品研发都是围绕企业进行的，因此企业是产学研合作的核心主体。

2. 知识主体——高校和科研院所

高校和科研院所是产学研合作创新的知识主体，是产学研合作创新的原动力。高校拥有完备的、用于基础研究的技术设施和大量人力资本，科研院所拥有先进的科学技术，为产学研合作提供配套的基础设施和规模化的专业人才。另外，高校和科研院所拥有强烈的探索精神和创新意识，注重发明创造的原创新和先进性，催发科技的不断创新。近年来，对高校和研究所体制的不断改革，逐步将高校和研究所推向市场，更深层次的参与科技成果的产业化，加强源头创新的市场价值，推动区域经济转型的顺利进行。

3. 支持者——中介、金融等

科技中介机构是加速产学研科技成果转化、推进科技与经济相结合的科技服务体系。大体可以分为两类：一是科技类信息咨询机构（包括情报信息、招投标机构、评估中心以及专业代理等专门为科技信息提供咨询、评判服务的机构），这类机构主要利用他们对市场需求的洞察、现有技术的掌握、管理经验的熟悉等方面的信息和相关专业技术为创新主体提供相关咨询服务。二是技术市场、技术产权、交易机构、科技风险投资中心等机构，其专门为科技资源合理配置、有效流动提供服务。总体来说，科技中介机构在产学研合作中起到信息的搜集、整合和扩散的作用，并借助信息资源促进产学研主体间积极沟通、协调合作。科技中介机构的完善和健康发展为推动区域产学研合作的成果转化、技术扩散提供信息保障。

金融机构主要包括商业银行、风险投资公司及基金等为产学研合作提供金融服务的公司。在产学研合作过程中吸纳金融机构的参与，一方面可以解决科技创新资金短缺问题，同时转移一部分金融风险；另一方面，风投公司通过对项目进行调研认证从而有选择的提供投资，推动各项科技资源的有效利用、科技成果从实验室走向市场。

4. 引导和协调者——政府

政府在整个产学研合作创新过程中起到了引导和协调作用。第一，政府制定和完善、推进产学研合作的相关政策，从政策引导或项目支持的方式推进产学研合作各主体的紧密协作。第二，各地方政府积极搭建公共服务平台，整合各企业、院校和研究院所技术发展现状及需求信息，构建完备的信息网络平台，为产学研合作各主体间技术合作、信息交流提供平台支撑。第三，政府对项目给予资金支持和相关政策倾斜，引导产学研合作围绕国家科技发展方向和下一步需求展开，保障科技创新的前沿性和技术创新的有效性。

二、产业技术研发创新动力

产业技术研发创新动力机制是指一系列相互作用且相互依赖的动力要素，其基本功能是共同推动产学研结合，促进产业技术研发创新，最终提升区域科技创新能力和经济发展水平。

在自然界中，根据动力对事物发展的作用方式将其分为内生动力和外生动力。内生动力是源于事物内部，促使事物状态发生变化的因素，又称为事物变化的内因；外生动力是源于事物本身之外，可以导致其状态发展变化的因素，又称为外因。外因往往通过内因来起作用，内因和外因共同推动着事物的变化与发展。基于此辩证观点，本书将产业技术研发创新动力要素分为内部动力（原动力）和外部动力（环境动力）。

（一）原动力

产业技术研发创新原动力是指产、学、研三大主体内部促进产业技术研发创新的因素，在查阅已有文献的基础上，结合本书研究重点，分别从企业、高校、研究所3个方面来归纳原动力要素。

1. 来自企业的原动力

（1）追求企业利益最大化

在市场经济背景下，企业的最本质的特性是为股东和投资者赚取利润，也就是说企业是以利润最大化为目标的，企业做出每一个抉择都是为了追求企业价值的最大化，同样企业会寻求与高校、研究所的合作也是为了追求更长远的利益。在日益激烈的市场竞争环境下，单凭降低成本、提高售价已不能满足企业追求利益最大化的根本目标，企业必须通过产品创新、工艺创新和制度创新来扩大生产规模，降低产品生产成本，然而无论是哪种创新，都需要新材料、新能源、新设备、高端科研人才等加以配合，这都需要大量的前期准备、管理创新和资金投入，在短时间内难以实现。

企业通过同高校和科研院所合作，可以直接引进学研方高素质的科技人才，获取专业领域的前沿信息，共享先进的试验设备和夯实的基础知识实现优势互补，获得技术前沿的地位。同时，企业之间的合作成本远高于企业与非同行的高校、科研院所之间的合作，这可以避开同业竞争时的技术壁垒，实现利益最大化。

（2）提升科技创新效率

与企业相比，高校和科研院所的优势在于拥有大量的学科领军队伍、某一专业领域内最新的国际和国内信息、雄厚的科研力量和先进的实验设备，企业与高校和科研院所合作，在降低企业科技创新初期的各项设备、人员雇佣成本、实验成本以及时间成本的同时还可以大大提升科技创新初期成果的有效性，提升了科技创新效率。

（3）确保科技创新主体地位

相较于高校和科研院所，企业拥有雄厚的资金、完善的新产品、多样化的新技术销售渠道，对新产品和技术的实验、推广和销售有不容置疑的主动权。此外，企业直接与市场和消费者接触，对市场和消费者对产品和技术的需求有深入的了解，对新产品、新技术的改进和研发有绝对的发言权，这确保了产业技术研发创新过程中企业的主体地位。

2. 来自高校和科研院所的原动力

（1）获得科研项目资金保障

高校和科研院所虽然拥有浓厚的科研氛围、大量的科研人才、齐全的科研设备，拥有从事创造性活动的基础，但每一种新技术从调研—实验—试验—推广需要源源不断的资金注入，而高校和科研院所由于资金的匮乏显然难以独立完成整个过程，因此其寻求与资金雄厚的企业合作，可以获得充足的科研基金，自身则致力于科技创新的发明阶段，在提升创新效率的同时将大部分风险转移给企业。

（2）培养应用型科研人才

高校和科研院所是以自由探索真理为内涵，以从事创造性活动为主导，追求知识创造和科学技术知识的先进性为主要目标的组织，因此，高校和科研院所的人才培养计划是以科研型人才为目标，其社会实践能力就要薄弱得多，而在知识经济和科技迅速发展的今天，对人才的要求也更上一层，科研团队不仅需要了解市场对新技术的需求，还需要了解技术在企业中运作的相关知识，以确保探索的先进性。因此，与企业合作，在获取企业资金支持的同时，可以与企业进行人才交流，甚至派项目人员到企业内部跟进项目的进一步开发，从而提高人才的综合素养。

（3）提高科研成果市场价值

每一项科研成果从初期的调研到产生，直至最后的开发，是一个周期长、成本高、风险大的艰巨过程，高校和科研院所谋求企业合作。一方面，可以通过企业对技术的渴求明确市场对技术的需求，避免科研成果因不适应市场而无法实现其市场价值，造成科技成果大量滞留，经济与科技"两张皮"的现象。另一方面，高校和科研机构通过企业了解市场需求，就可以针对市场需求进行创新研发，大大提升高校和科研机构科技资源的利用效率。

（二） 环境动力

随着教育体制的改革和经济社会的发展，产学研合作不再是最初纯粹的企业生产、高校的教育和科研相对独立、封闭式的合作，而是在市场环境、政策倾向、经济体制等宏观环境下，依靠科技基础平台和中介机构，三大创新主体最大限度、最深层次地进行技术互助、资源共享、人才交流，旨在实现全方位合作、高强度的协同创新，提升自主创新能力和区域科技水平。由此可以看出，除产、学、研三方的原动力以外，政策环境、市场因素、经济体制等外部动力也是促进产业技术研发创新的重要因素，这些都属于产业技术研发创新的外生动力，按其来源分为市场需求、技术推动、政策因素。

（1）市场需求拉动

随着全球经济市场化的不断深入，给企业和学研方带来更多的机会去赚取利润、实现价值，但由于市场环境的复杂化，往往使得市场需求不明朗，需要深度挖掘。在新经济形势下，先行者优势越来越明显：抢占发展前景好、利润回报高的市场领域意味着可以迅速在市场中立足，长期保持竞争优势。而攻克新市场势必诱发对多种新技术的需求，而对新技术的研发是一个耗资大、时间长、任务重的过程，而潜在市场往往对新科技的需求带来很大风险。基于此，通过单一的企业或者科研单位难以克服这一难题。但一旦挖掘出真实的市场需求，无论是哪一方，依靠一己之力都难以在短时间内实现市场对新技术或新产品的需求。为了迅速抢占市场，产学研各方都更倾向于参与合作创新。通过创新，企业可以降低投入成本，实现利润最大化，提升自己的科技水平；高校可以培养适应市场的应用型人才，还可以提升在高校中的声望；科研机构也能够保持科技水平上的先进性。

（2）技术进步推动

技术水平是衡量一个国家或一个地区综合实力的重要标志，市场和生活的日新月异推动技术不断进步。一个区域为促进经济增长、企业为追求利润最大化必然会不断探索或引进新技术，从而推进区域的技术进步，而从事技术创新的主体由于开发或引进新技术而获得利益，这又成为下轮创新的动力。在现在的信息时代，新技术的运用、知识的扩散速度加快，新技术开拓者若想长期保持领先优势，要熟练运用、扩散已有技术的同时，不断创新以探索新技术。而企业、高校、研究所三大机构建立广泛联盟形成的"产学研"有机主体是全方位促进新技术的开发、试验到扩散和应用的有效模式。

（3）政策力引导

政府作为市场经济不可或缺的调控者，为深化社会体制改革，推进新能源开发、核心产业的日益壮大、促进宏观经济平稳发展，会对一些具有深远影响的产业给予强大的资金支持和政策倾斜。例如，山西省政府近年来深度推行的能源转型发展相关项目，仅依靠企业、高校和科研院所单独的力量是难以完成的。因此，政府在给予产业政策和技术政策倾斜下引导产学研结合共同攻关，同时，政府对创新成果的开发、应用和推广也给予很大的政策扶持，一方面通过对新技术的推广完成项目目标；另一方面确保产学研合作的积极性，促进产学研联盟的形成。

三、产业技术研发创新形式

对产业技术研发创新形式，各学者由于划分标准的不同和研究内容侧重的差异，分类也不尽相同，产业技术研发创新模式的分类见表 6.1。

表 6.1　产业技术研发创新模式

划分标准	具体模式
合作形式	正式合作、非正式合作
目标导向	人才培养型、研发型、生产经营型、综合型
主体作用	政府组织、企业主导、高校和科研机构主导
合作方式	技术转让、合作开发、共建实体
合作契约	技术协作型、契约型、一体化型
内部化	内部化模式、外部化模式、半内部化模式
合作主体关系	校内产学研合作、双向连体合作、多向连体合作、中介协调型合作

本书在对现有关于模式探究的基础上，结合我国产业技术研发创新的特点，将产业技术研发创新模式按主体间合作的紧密程度分为技术转让、委托模式、联合开发、共建基地或实体、大学科技园 5 种形式。

1. 技术转让

技术转让模式是指高校和科研院所将初期的一些发明成果（专利、未成形新的工艺、新方案的实施许可等）以订立契约的方式转让给企业。技术转让模式是最低层面的产学研合作创新方式，其主体间的合作大都停留在表面，一般是一次性的合作，主体间的合作关系也会随着技术转让的完成而解除，不利于形成长期稳定的合作关系，因此合作主体更加注重各自的短期效益，而不利于长期不断的科技创新。

2. 委托模式

委托模式主要包括两种情况：一是委托研究模式，这种情况一般是指企业根据自己的需求，委托科研院所或者高校对新产品、新技术、新工艺进行研究开发，这种情况下企业对高校和研究所提出明确需求，并为高校和研究所提供资金支持是一种通过优势互补、提升主体创新能力的有效方式；二是委托培养模式，这种情况一般是高校或研究所与固定企业合作，定期将本机构科研人员派往企业进行技术学习和知识交流或培训，一方面可以培养高素质应用型人才；另一方面可以增进主体间的交流，既可以对企业的需求有深入的了解又可以增加企业对基础理论和前沿技术的认识，实现共同发展。

3. 联合开发

联合开发是指学研方与企业对某个项目和某些技术进行联合开发，共同寻求解决方法的一种合作创新模式，具体而言，是产学研各方派出有经验的人员针对某一项目组成临时研发团队，在保证各自体制不变的前提下，进行研究开发，这是一种强烈的功能互补的合作模式。

4. 共建基地或实体

共建基地是指企业、科研院所、大学分别按一定比例投入资金、人力设备等有形资产或技术等无形资产共同建立科研基地。在我国，共建科研基地主要有联合实验室、联合工程技术中心和联合研发机构3种形式。在这种模式下，三大主体往往形成长期合作创新关系，合作紧密，学研方与企业之间有更深入的了解，可以充分发挥学研方研发能力强、实验手段先进的优势，同时，企业在技术开发、生产过程技术化的优势也可以充分发挥。这既可以保证学研方科研经费得以持续不断的注入，又可以确保企业获得核心技术，有利于激发学研方的创新热情，推动高校、科研院所和企业更深层次的合作创新。

共建实体是指企业、大学和科研院所分别以资金、人力设备、技术等作为投入资产共同建立的科技型企业或高技术公司，其中大学科技园为最典型的共建实体模式。大学科技园是指依托大学的科技水平、高素质人才以及安静的学术环境、完备的基础设施等优势，在大学校园内建立的科技型企业或者高技术公司。

5. 大学科技园

大学科技园是科技企业孵化器的重要组成部分，是大学实现社会服务功能的重要平台，是促进高校与企业密切合作交流的重要方式，是促进高校科技成果及时进入企业实现产业化的重要模式，是推动企业创新能力和区域经济发展同步提升的有效途径。

四、产业技术研发创新过程

基于对产业技术研发创新主体要素和辅体要素的归纳，结合前文关于产学研结合科创新动力要素和合作模式的分析，可以发现产业技术研发创新是一个在特定的市场环境、经济体制、技术水平条件下，从"合作需求产生—进入研发—获得科技成果—成果产业化—新的需求产生"的一个循环的动态合作过程，据此，本书从前期调研—中期研发—后期产业化对产业技术研发创新过程进行分析。

在日益复杂的经济环境下，由于企业对核心技术的迫切需要、学研方对科研基金和应用型人才的大量需求以及市场技术水平、政策倾斜等因素共同作用下，三大主体必须通过与其他单位合作进行资源整合、技术共享，形成产学研联盟，才能确保各自在社会中保持竞争优势，实现共赢。一般而言，每次产学研合作都是以项目为载体，首先，项目发起方通过评估自身技术水平和市场技术环境及需求，对创新的必要性和可行性进行分析，汇总成初期的可行性分析报告。其次，结合此次创新目标对潜在合作方的科研能力、财务状况、技术水平等进行评估和筛选，并确定合作研发伙伴。最后，发起方要提出尽可能周详的项目预期目标、执行概预算和方案。

在项目研发阶段，首先依照各合作方参与项目研发的程度确立合作模式，在此基础上合作各方经过协商提出合理的工作分配、利益分配、工作进度、人员管理、激励等方案，以监督创新过程的顺利进行。然后，即可进入实验和项目研发过程，各方严格按照之前的分工展开，并不断按照创新过程中发现的问题对概预算和草案等进行修正。待实现预期目标，产出科技成果之后，合作各方派出专业人员组成专家小组或直接将成果移交专业机构对成果进行评估，待评估合格后项目发起方进行验收，若不合格则将成果再次改进和研发，直至验收合格为止。中间试验是为了提高科技成果利用率，对科技成果进行熟化处理和工业化考验的一种方式，是科技成果转化为可以进行工业化、商业化生产并推广应用过程前，必须完成的规模化、批量化、系统化的实验验证过程。经预测，中试后的科技成果产业化率可达80%，而未经中试，产业化成功率仅有30%。

在合作科技创新后期，将中期研发的科技创新成果导入企业，由企业根据市场需要，依靠自身的技术水平和资金基础对科技成果进行试验、开发、改进，最终形成新产品、新工艺进行销售推广，将科技成果转化为经济收入，实现科技成果产业化。同时合作各方形成战略上的联盟，促进产学研合作良性循环，推进区域科技发展。

产业技术研发创新流程如图6.1所示。

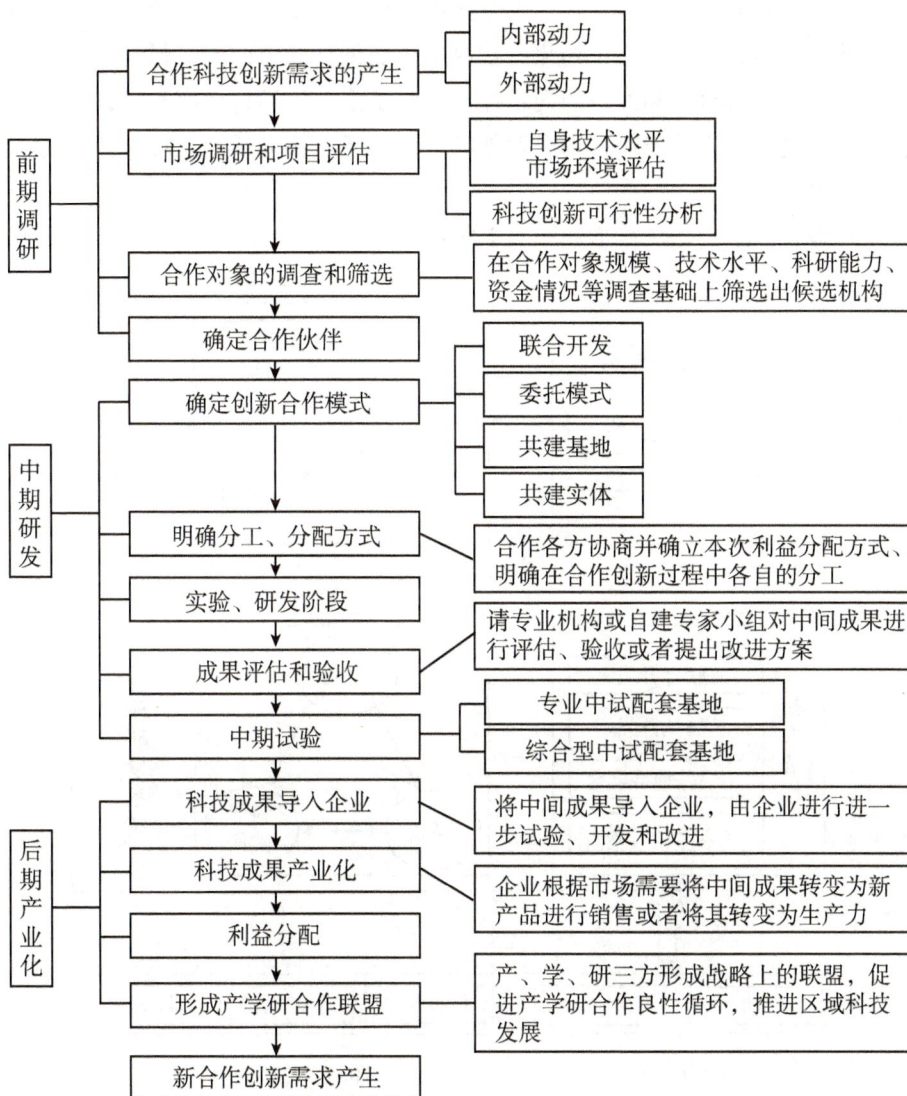

图6.1 产业技术研发创新流程

通过上述对产业技术研发创新前期、中期和后期整个创新流程的系统分析，可以将产业技术研发创新流程归纳为以下两个相互衔接的子系统：合作研发系统和成果产业化系统。合作研发系统：在动力促使下，借助科技中介、金融机构等环境要素的支撑，企业、高校和科研院所根据需要对合作模式进行选择，建立合作关系，进行研发，一般在合作研发阶段的成果主要是专利、论文等不能够直接给企业创造价值的科研成果。产业化系统：将合作研发系统的科研成果导入企业，由企业进行试验开发、推广和销售等一系列商业化程序后将科研成果市场化，在提高企业创新能力的同时提升区域经济水平，推动区域科技和经济的同步提升。各子系统的运行效率和子系统间的衔接紧密度不仅影响产业技术研发创新效率，还直接关系着区域科技能力和经济发展的优劣。

产业技术研发创新模型如图6.2所示。

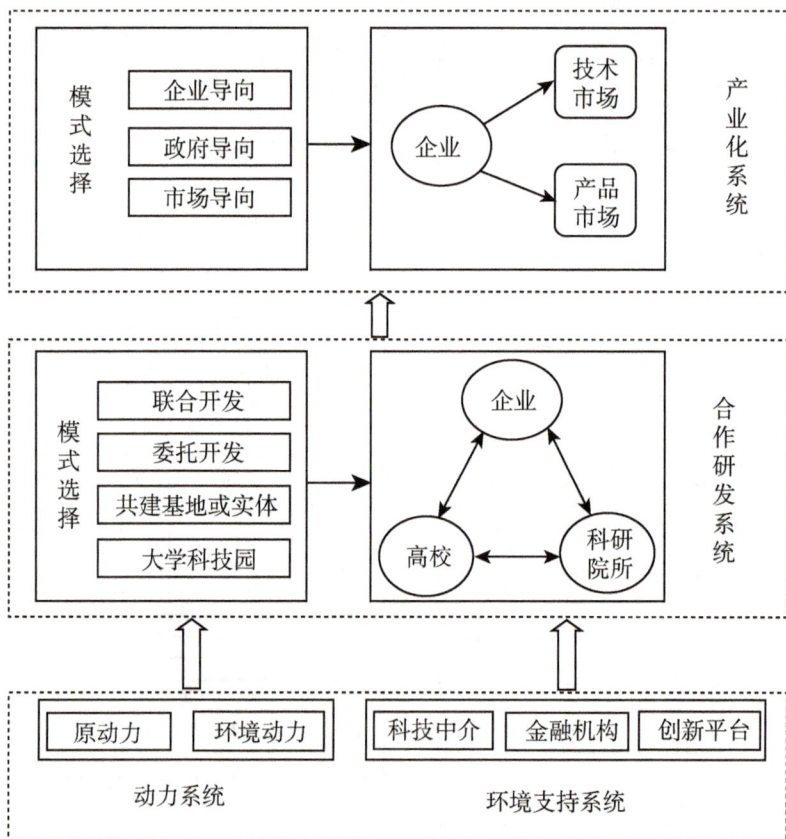

图6.2　产业技术研发创新模型

五、互联网＋企业研发的新模式

当今社会，大数据、互联网、云计算方兴未艾。企业研发要充分利用互联网时代的信息基础设施，将研发工作与新技术融合，开拓研发思路、提升研发能力[44]。

与大数据融合。大数据是基于数据量化和互联，通过分析、挖掘和应用，以达到整个世界高度智能化的一种思维和方法。企业研发人员要学会利用数据挖掘技术进行客户细分，用数据解读客户的需求及购买偏好，根据客户需求设计具有针对性的产品，且让客户能以更低的价格获得产品及服务，从而提高企业的竞争力。

与云计算融合。云计算是基于使用者需求而开发的一种计算技术。它可以在数秒内处理以千万计甚至亿计的信息，并在此基础上提供超级强大的服务。研发人员通过云平台可以连接大众智慧，共同开发产品，以群体智慧加速产品研究开发的过程，极大地缩短了企业的研发周期；通过云平台能够与用户直接接触，使企业更便捷地获取第一手用户需求资料，增大产品与市场的契合度，降低产品投放市场之后的失败率。

与新媒体融合。新媒体是以数字信息技术为基础，以互动传播为特点、具有创新新形态的媒体。新媒体的主要特征是交互性与即时性，海量性与共享性，个性化与社群化。研发人员的工作与新媒体融合，其结合点主要在于产品的营销渠道。交互式媒体的展现有益于企业与用户之间的深度互动，增加用户的参与感，并将用户参与的感受融入研发的改进工作中。

"众包"研发模式。依托互联网的深度发展，众包正在呈现蓬勃发展的势头，创造了全新的资源组织方式。众包模式能够利用资源的闲置价值，提高资源的使用率，大力发展众包对于转变经济发展方式、促进创新创业具有重要价值。通过互联网将碎片化的资源组织起来，形成海量的资源供给，一旦形成规模，将会形成巨大的能量。众包模式在许多领域都显示出巨大的生命力，开源软件是众包最成功的应用之一，像 Linux 等软件的开发，利用全球众多程序员贡献的代码组成了最优秀的操作系统[45]。

第七章　山西省企业研发创新公共服务平台建设对策

为了进一步加快实施山西省"科教兴晋、人才强省"战略的实施，更好地以科学技术进步来带动山西省经济的发展，加速山西省目前依靠资源实现经济增长的产业转型升级，以上几个部分对山西省科技研发现状及研发效率分别做了统计分析和数据包络分析，得到其研发处于全国排名较后位置的原因。通过数据对比发现，山西省整体研发投入不足，但又相对于目前产出水平存在投入冗余的现象，高技术研发人才极具短缺，资源配置不合理，研发活动的开展存在普遍盲目的现象，这些都严重制约了山西省科技的进步和经济的发展。为了提高山西省的科技研发效率，加快经济发展步伐，需要改变目前的研发状态，优化研发模式，加强基础研究，强化原始创新、集成创新和引进消化吸收再创新，为全面提升科技水平扫清障碍。本书针对山西省目前研发中所透露出的问题，提出以下建议与对策[36]。

一、强化研发人力资源建设

影响山西省研发阶段纯技术效率值的关键在于研发人员，他们从很大程度上决定了研发投入的使用方向和产出水平。导致山西省研发人员研发效率不高有以下两方面原因：从整体上看，全体研发人员的科技水平有限制；从数量上看，山西省的高端技术人才稀缺。

从山西省目前从事研发活动人员现状来看，近10年山西省研发人员现状稳定，几乎没有明显的增长，因此，大力引进高技术人才，并提高目前已从事研发活动的人员的科技创新能力是山西省提升研发效率工作的重中之重。

山西省上到政府，下到企业、高等学校、研究开发机构，要完善现有高技术人才评定机制，围绕本省的发展战略、重点发展的研发项目，有目的性地着重引进有突出科技贡献的专家、学科带头人、在新产品和新工艺创新改造上有着特殊才能的专业人才，积极引进国内外重点大学毕业的高技术人才，符合引进标准的人员给予一定的政府资金补助和住房补贴、优惠政策。从规模收益上看，研发阶段中山西省整体上处于规模递增状态，高等学校和规模以上工业企业也处于规模递增状态，因此，山西省应该更加注重高等学校和企业上的人才引进，适当增加高技术工作的工作岗位，吸纳有能力的外来人员，同时，研究与开发机构也应该在目前状态下更加注重提升现有研发人员的研发水平。

为了提高山西省研发人员的研发效率，引进高技术人才是一方面；另一方面是提高本省目前从事研发人员的研发能力，强化研发人员的技术教育。以增强山西省的研发效率、提高研发人员的综合素质为终极目标，建立政府、用人单位、高等院校和个人为一体的完整继续教育体系，落实终身制学习的政策。政府通过增加公派留学或者高等院校继续深造名额和资金支持力度，鼓励本省研发人员不断到各地学习交流、引进先进技术，提高整体研发水平，支持研发人员跨地区、跨国家的技术合作交流以及多岗位轮流实践。

山西省应加强本省高等院校在人才培养上所起的关键作用，政府应该在省内高等院校中建立各学科的研发项目中心，全力打造国家重点、省重点实验室，将基础研究、应用研究和试验开发合理结合，以此建立起高技术人才培养基地，加强科研建设，提供集科技研发、经营管理、工艺技术为一体的人才建设模式，加速具有全方位能力的高端人才的输出，同时提高应届毕业生输出的质量，使本省的研发效率逐渐具有一定的竞争力[27]。

发挥企业在研发活动中的主导作用，企业是承载研发人员最多、承担专利产出最多的场所，企业内部应进一步加强高技术人才的引进工作，将高技术人才的引进数量和质量纳入企业人力资源的绩效考核体系，提高高端人才的平均工资，并关注其子女的学习与发展。企业内部需增加定期行业、技术等培训项目，提高现有技术人员的创新意识和研发水平。

二、优化研发经费配置和结构

通过山西省 2005—2014 年资源投入数据的发展趋势可以看出，近些年山西省全社会范围内对研发活动的开展越来越重视、创新意识越来越强，并且研发经费内部支出有了大幅增长。虽然加大研发经费的投入带动了研发规模效率的发展，使得研发阶段的规模效率值高于全国平均水平，但是山西省在研发阶段的纯技术效率低下，并且远低于全国平均水平，因此，充分挖掘已投入资源的利用空间，减少资源的浪费是山西省提高研发效率的重点。

山西省研发阶段的规模收益处于递增状态，说明并不是由于山西省的资源投入过剩导致了自有资源利用不足，进而导致了纯技术效率低下，因此，不能减少资源投入的绝对数量，而是应该在合理增加投入资源的同时提高研发投入和产出之间的转化效率，完善山西省的投入机制，优化资源的合理配置水平，注重对企业和高等学校研发活动的支持与资金投入[46]。

第一，政府应该从经费的投入预算着手，将预算做到精细化，加强投入的针对性，减少投入的盲目性。出台有针对性的重点扶持政策，对于高等院校和研究与开发机构是提供技术理论和知识基础最集中的地方，政府应该全力配合重点科研项目的开展，尤其是对高等学校，增加科研经费的投入。企业是集中体现试验与发展活动开展水平的集中点，并实现科学技术经济价值最直接的地方，山西省各级政府应对重点企业的重点项目进行有计划的扶持，以加快企业内工艺、产品向新工艺、新产品的转化速度。

第二，政府应同时提高科技成果补助的门槛，对科技成果的实用性进行严格的审批和审查，减少全省企业、高校、研发机构对技术成果数量上的追求而忽略对质量的考量。与此同时，政府结合减免税费政策、发放补助金及拓宽企业融资渠道等多种方式，对具有高质量研发成果的企业、项目进行补助，以鼓励研发创新。

第三，政府应成立单独的监管审批小组，严格控制研发经费投入的运作管理，坚决抵制科研经费滥用和过度申报现象。严格的经费利用监管制度，对已投入的研发经费是否能发挥其应有的作用产生着重要的影响。通过加大监管力度，保证资源合理配置的实施。企业也应该严格监控研发投入的流向，减少资源浪费现象，降低管理成本，从而增加新产品、新工艺所带来的经济增加值[47]。

第四，随着"十三五"的到来，为了满足发展的需要，科学技术的更新速度会越来越快，"适者生存"将会在企业中体现得更为明显。政府不仅要着眼于大中型企业，还要兼顾小微企业，合理引导其向科技型企业的转型升级，坚持战略指导，最大限度地引导全社会共同开展科技研发活动，打造一批具有竞争力的创新型领军企业。

三、优化研发管理模式

山西省目前在研发阶段技术成果产出率较低的同时，在技术成果转化阶段创造的经济价值中的效率更为低下，这不仅体现了此阶段的转化效率低下，更明显地反映出产出的技术成果没能符合市场的需求，研发活动开展存在严重的盲目性。

在经济效益的转化过程中企业的输出占据了全省的绝大部分，企业是实现技术、产品的经济价值最直接也是最集中的场所，其经济效益转化率的高低对整个省域的研发成果转化阶段效率有着至关重要的影响，因此，企业研发活动的开展必须切合社会市场的需求，而不能够仅仅为了获得政府的补助资金进行研发制造。这就要求首先从政府的角度，研发补助的发放不能仅依靠数量来评定，而应建立在其可以创造多少经济价值的基础之上。政府要完善一套合理的考评体系，企业想要获得政府资助，必须要衡量研发成果所带来的效益高低。其次，很多企业虽然对新技术、新工艺、新产品有一定的研究，但他们往往不能够适时了解社会动向与政府政策、经济发展等方面的内容，在此种情况下，山西省应该成立一批具有高资质的服务类机构或者企业，专门为企业做咨询服务，这类机构可以是由经济金融动态前沿分析者、经验丰富和技术知识渊博的专家以及政策解读团队等组合起来的服务团队。同时，政府也可以成立各个研究领域的专家小组，专门研究技术发展走势和经济发展趋势，及时定期的出台相应的研发指引，引导企业研发活动的开展，极大程度上切合市场发展需求、技术发展趋势，减少企业研发活动开展的盲目性，从而提高研发成果向经济效益转化的效率。

四、加强产学研合作平台建设

研发阶段产出的技术成果转化为经济效益需要一个过程：基础研究—技术理论—应用技术—投入生产—制造新品—市场销售[60]。这是一个需要企业、高等院校、研究与开发机构共同合作的复杂程序，每一个步骤都要落实到位，参与的每一个角色都扮演成功，才能保证转化率的提高。

首先，高等院校和研究与开发机构是基础研究的集中场所，其中的研发工作者是理论知识的重要输出者，他们的理论研究普遍强于企业工作者，将高等院校和研发机构与企业合作，是企业可以快速获取技术和知识累计的重要途径。其次，企业是将技术成果转化为社会经济效益最主要的场所，高等学校和研究与开发机构工作者的知识产出能否实现其经济价值取决于成果在企业中的应用程度。因此，完全有必要建立一个将企业、高等学校和研究与开发机构联系在一起的产学研合作平台，使得企业可以拥有高精尖的技术，又可以使高等学校和研究与开发机构的研究符合市场需求，减少不必要的研究。

高等学校和研究与开发机构可以选择与自身研发方向相符合的科技企业，在企业中建立技术研发实践中心，由企业提供专业的设备和研究场所，高等学校和研究与开发机构提供技术和科研人员支持，这样不仅可以使得企业通过技术支持加快新产品的开发速度和提升销售额，高等学校和研究与开发机构的工作者也因此有了实践的地方，使得技术理论和实际的经济需要不脱节。

企业也可以选择和主营业务相符合的高等学校，建立高等学校学生培训实习基地，寻求与高等学校的长期合作，使学生所学到的理论知识在实际生产经营活动中得到应用，增强学生对理论和运用的结合能力，在实际生产经营活动中激发学生的创新能力，减少学生毕业后去企业工作的适应时间。

建立产学研合作平台需要大量的资金和有效的法律保障，为了获得更好的技术成果转化率，省政府要积极参与，提供强有力的资金支持及法律保护，使产学研合作者做到诚信合作[48]。政府还应对产学研合作中致力于研发技术成果经济价值转化项目申报给予税收优惠政策，对于项目实施成功的给予相应补助，提高产学研三方面研发的积极性。政府也可以利用自有基金，对一些有较好发展的技术研发中心、项目进行投资，与企业、高等学校和研究与开发机构共同承担风险与利益，减少产学研三者的风险，可以有力地激发他们投身于具有高经济转化率的研发事业，同时也可以增加政府的财政收益，以对更多更好的项目进行支持，引导企业、高等学校和研究与开发机构形成一个具有良性循环的产学研合作体系，全面提升技术成果的经济效益转化。

五、通过社会网络和资源整合促进企业研发创新

社会网络、资源整合、技术创新三者之间的关系可简要概括如下：社会

网络的各个维度与企业的资源整合行为都是正相关的。网络的密度及联系的强度促进企业内部及企业之间的协作与交流从而促进资源的重新配置。企业间的网络的互惠程度、非重复程度及所处位置的中心性有利于信息的共享、经验的相互借鉴，从而促使企业更有效地实施资源整合活动。资源整合对于企业技术创新也是正相关。

资源整合是企业的战略手段，是企业实现技术创新的源泉和基础。通过资源整合，企业可以增加与行业间相互学习、交流的机会，通过信息、知识的共享，产生新的知识，而新的知识正是技术创新的源泉。同时企业把自身的科技成果转化优势、市场优势、资金优势及其他优势，与上下游企业、科研院所、高校的信息优势、技术优势、人才优势结合起来，达成优势互补，实现协同创新，从而加快技术创新速度，缩短产品从构思到产出再到推向市场的时间。

从整体上看，社会网络对于企业技术创新绩效有着非常重要的作用。近年来，企业间的竞争越来越激烈，企业独立生存、单独进行技术创新活动的难度越来越大，技术创新将逐渐从以"线性创新"为主发展到以"网络创新"为主[49]。

附录 A

表 A.1 全国 30 个省份研发阶段 2010—2012 年研发经费内部支出原始数据

单位：亿元

省份	2010 年	2011 年	2012 年
北京	821.8234	936.6439	1063.3640
天津	229.5644	297.7580	360.4866
河北	155.4492	201.3377	245.7670
山西	89.8835	113.3926	132.3458
内蒙古	63.7205	85.1685	101.4468
辽宁	287.4703	363.8348	390.8680
吉林	75.8005	89.1337	109.8010
黑龙江	123.0434	128.7788	145.9588
上海	481.7031	597.7131	679.4636
江苏	857.9491	1065.5109	1287.8616
浙江	494.2349	598.0824	722.5867
安徽	163.7219	214.6439	281.7953
福建	170.8982	221.5151	270.9891
江西	87.1527	96.7529	113.6552
山东	672.0045	844.3667	1020.3266
河南	211.1675	264.4923	310.7802
湖北	264.1180	323.0129	384.5239
湖南	186.5584	233.2181	287.6780
广东	808.7478	1045.4872	1236.1501
广西	62.8696	81.0205	97.1539
海南	7.0204	10.3717	13.7244
重庆	100.2663	128.3560	159.7973
四川	264.2695	294.1009	350.8589

省份	2010 年	2011 年	2012 年
贵州	29.9665	36.3089	41.7261
云南	44.1672	56.0797	68.7548
陕西	217.5042	249.3548	287.2035
甘肃	41.9385	48.5261	60.4762
青海	9.9438	12.5756	13.1228
宁夏	11.5101	15.3183	18.2304
新疆	26.6545	33.0031	39.7289

表 A.2 全国 30 个省份研发阶段 2010—2012 年研发人员全时当量原始数据

单位：人年

省份	2010 年	2011 年	2012 年
北京	193 718	217 255	235 493
天津	58 771	74 293	89 609
河北	62 305	73 025	78 533
山西	46 279	47 355	47 029
内蒙古	24 765	27 604	31 819
辽宁	84 654	80 977	87 180
吉林	45 313	44 815	49 961
黑龙江	61 854	66 599	65 118
上海	134 952	148 500	153 361
江苏	315 831	342 765	401 920
浙江	223 484	253 687	278 110
安徽	64 169	81 087	103 047
福建	76 737	96 884	114 492
江西	34 823	37 517	38 152
山东	190 329	228 608	254 013
河南	101 467	118 041	128 323
湖北	97 924	113 920	122 748
湖南	72 637	85 783	100 032
广东	344 692	410 805	492 327

续表

省份	2010 年	2011 年	2012 年
广西	33 987	40 135	41 268
海南	4893	5397	6787
重庆	37 078	40 698	46 122
四川	83 800	82 485	98 010
贵州	15 087	15 886	18 732
云南	22 552	25 092	27 817
陕西	73 218	73 501	82 428
甘肃	21 661	21 332	24 290
青海	4858	5006	5181
宁夏	6378	7358	8073
新疆	14 382	15 451	15 671

表 A.3 全国 30 个省份研发阶段 2011 年国外主要检索工具收录的科技论文原始数据

单位：篇

省份	SCI	EI	CPCI - S
北京	25 630	23 337	8041
天津	3634	3286	1525
河北	1541	1431	1727
山西	1146	1007	556
内蒙古	295	255	266
辽宁	5320	5552	3064
吉林	4026	3577	872
黑龙江	3648	5081	2412
上海	14 350	9851	3471
江苏	12 913	11 316	3717
浙江	7713	5642	2794
安徽	3731	2981	908
福建	2682	1779	617
江西	1058	861	980
山东	6493	4214	2784

省份	SCI	EI	CPCI – S
河南	2567	1805	2149
湖北	6779	5740	2662
湖南	4405	5772	1522
广东	7743	4424	2164
广西	870	601	561
海南	199	56	113
重庆	2688	2683	1154
四川	5517	4827	1775
贵州	405	223	139
云南	1344	615	466
陕西	6584	7481	3255
甘肃	2440	1592	505
青海	77	36	15
宁夏	81	57	46
新疆	509	261	162

表 A.4　全国 30 个省份研发阶段 2012 年国外主要检索工具收录的科技论文原始数据

单位：篇

省份	SCI	EI	CPCI – S
北京	29 455	22 536	8793
天津	4520	3520	2140
河北	1850	1662	2148
山西	1297	1039	539
内蒙古	410	262	408
辽宁	6207	5583	3085
吉林	4454	3287	1623
黑龙江	4292	4909	2356
上海	16 105	9223	3269
江苏	15 177	11 444	3978
浙江	9092	5746	2702

省份	SCI	EI	CPCI – S
安徽	4313	3060	1125
福建	3156	1807	742
江西	1355	1078	1065
山东	7435	4109	3182
河南	2707	2228	2577
湖北	7936	5753	3097
湖南	5340	5708	1631
广东	9223	4741	2093
广西	1052	591	654
海南	249	74	150
重庆	3566	2834	1223
四川	6495	5204	2147
贵州	428	215	160
云南	1579	619	866
陕西	7416	7292	3788
甘肃	2619	1476	551
青海	114	52	27
宁夏	109	39	79
新疆	647	332	130

表 A.5 全国 30 个省份研发阶段 2013 年国外主要检索工具收录的科技论文原始数据

单位：篇

省份	SCI	EI	CPCI – S
北京	35 284	28 316	9072
天津	5646	4704	1543
河北	2122	2399	1507
山西	1699	1561	441
内蒙古	539	483	336
辽宁	7626	6671	2959
吉林	5209	4345	1363
黑龙江	5320	5813	2029

续表

省份	SCI	EI	CPCI－S
上海	18 967	11 939	3285
江苏	19 471	15 267	3602
浙江	10 576	7503	1972
安徽	5254	4301	1080
福建	3816	2620	567
江西	1772	1436	693
山东	9045	6267	2305
河南	3909	3093	1212
湖北	9455	7677	2847
湖南	6548	6727	1647
广东	10 667	6540	2131
广西	1399	827	579
海南	334	124	112
重庆	4076	3186	827
四川	7887	7084	1740
贵州	611	340	178
云南	1944	1053	949
陕西	9358	9704	2886
甘肃	3006	2153	538
青海	114	70	30
宁夏	152	95	103
新疆	869	434	168

表 A.6 全国 30 个省份研发阶段 2011—2013 年出版的科技著作原始数据

单位：种

省份	2011 年		2012 年		2013 年	
	高等院校	研究与开发机构	高等院校	研究与开发机构	高等院校	研究与开发机构
北京	5621	1890	5431	1710	5410	1968
天津	868	70	728	59	837	63
河北	718	75	694	91	917	122

续表

省份	2011 年		2012 年		2013 年	
	高等院校	研究与开发机构	高等院校	研究与开发机构	高等院校	研究与开发机构
山西	536	66	634	80	523	85
内蒙古	421	25	475	18	509	23
辽宁	2792	86	2415	88	2048	119
吉林	903	99	957	104	978	69
黑龙江	1463	86	1419	86	1344	70
上海	2822	169	2940	229	2576	211
江苏	2066	172	2546	137	2840	171
浙江	1533	153	1546	130	1553	144
安徽	1184	24	1149	36	1120	52
福建	623	56	801	60	691	43
江西	572	56	549	48	509	59
山东	1488	158	1608	196	1649	206
河南	1681	122	1820	118	1929	120
湖北	2155	123	2371	175	2329	132
湖南	1626	38	1560	78	1381	62
广东	2024	150	2067	152	1803	170
广西	482	39	623	45	624	86
海南	296	45	307	30	441	66
重庆	936	51	1087	35	1092	41
四川	1331	79	1268	182	1207	100
贵州	297	24	384	15	403	19
云南	807	130	852	152	721	79
陕西	1259	64	1396	77	1254	89
甘肃	526	106	661	103	752	91
青海	46	12	62	88	103	17
宁夏	101	4	93	7	95	33
新疆	268	94	261	122	204	97

表 A.7   全国 30 个省份研发阶段 2011—2013 年专利申请授权数量原始数据

单位：个

省份	2011 年	2012 年	2013 年
北京	40 888	50 511	62 671
天津	13 982	19 782	24 856
河北	11 119	15 315	18 186
山西	4974	7196	8565
内蒙古	2262	3084	3836
辽宁	19 176	21 223	21 656
吉林	4920	5930	6219
黑龙江	12 236	20 268	19 819
上海	47 960	51 508	48 680
江苏	199 814	269 944	239 645
浙江	130 190	188 463	202 350
安徽	32 681	43 321	48 849
福建	21 857	30 497	7511
江西	5550	7985	9970
山东	58 844	75 496	76 976
河南	19 259	26 791	29 482
湖北	19 035	24 475	28 760
湖南	16 064	23 212	24 392
广东	128 413	153 598	170 430
广西	4402	5900	7884
海南	765	1093	1331
重庆	15 525	20 364	24 828
四川	28 446	42 218	46 171
贵州	3386	6059	7915
云南	4199	5853	6804
陕西	11 662	14 908	20 836
甘肃	2383	3662	4737
青海	538	527	502
宁夏	613	844	1211
新疆	2642	3439	4998

表 A.8　全国 30 个省份研发阶段 2012—2013 年技术市场交易额原始数据

单位：亿元

省份	2012 年	2013 年
北京	2851.72	3137.19
天津	276.16	388.56
河北	31.56	29.22
山西	52.77	48.46
内蒙古	38.74	13.94
辽宁	173.38	217.46
吉林	34.72	28.58
黑龙江	101.77	120.28
上海	531.68	592.45
江苏	527.50	543.16
浙江	81.50	87.25
安徽	130.83	169.83
福建	44.69	39.19
江西	43.06	50.76
山东	179.40	249.29
河南	40.24	40.79
湖北	397.62	580.68
湖南	77.21	97.93
广东	529.39	413.25
广西	7.34	11.58
海南	3.87	0.65
重庆	90.28	156.20
四川	148.58	199.05
贵州	18.40	20.04
云南	42.00	47.92
陕西	533.28	640.02
甘肃	99.99	114.52
青海	26.89	29.10
宁夏	1.43	3.18
新疆	3.00	2.82

表 A.9 全国 30 个省份研发阶段 2012—2013 年高技术产业新产品销售收入原始数据

单位：亿元

省份	2012 年	2013 年
北京	1315.27	1584.46
天津	1156.47	1822.87
河北	153.72	199.41
山西	46.18	47.37
内蒙古	10.48	18.14
辽宁	349.70	385.26
吉林	99.34	133.65
黑龙江	57.67	65.55
上海	848.41	795.01
江苏	5868.98	6154.30
浙江	1357.47	1818.77
安徽	389.81	419.95
福建	1210.63	1223.30
江西	203.07	278.36
山东	1762.12	1819.20
河南	137.32	1980.87
湖北	475.36	556.36
湖南	369.47	761.68
广东	8519.55	9768.77
广西	59.70	90.69
海南	10.25	14.32
重庆	200.81	152.24
四川	589.56	730.91
贵州	76.31	88.26
云南	36.99	52.42
陕西	221.35	218.32
甘肃	30.59	29.50
青海	0.39	1.01
宁夏	11.78	14.05
新疆	0.23	2.26

参考文献

[1] C I Jones, J C Williams. Measuring the social return to R&D [J]. The Quarterly Journal of Economics, 1998, 113 (4): 1119.

[2] C I Jones, J C Williams. Too Much of a Good Thing? The Economics of Investment in R&D [J]. Journal of Economic Growth, 2000, 5 (1): 65 –85.

[3] T Bayoumi, D T Coe, E Helpman. R&D spillovers and global growth [J]. Journal of International Economics, 1999, 47 (2): 399 –428.

[4] J Bentzen, V Smith. Spillovers in R&D activities: An empirical analysis of the Nordic countries [J]. International Advances in Economic Research, 2001, 7 (2): 199 –212.

[5] Martin G Kocher. Measuring productivity of research in economics: A cross country study using DEA [J]. Socio-Economic Planning Sciences, 2001, 40 (4): 314 –332.

[6] Hak-Yeon Lee, Yong-Tae Park. Sensitivity and Stability Analysis in DEA: Some Recent Development [J]. Asian Journal of Technology Innovation, 2005 (13): 207 –222.

[7] W Nasierowski, F J Arcelus. Interrelationships among the elements of national innovation systems: A statistical evaluation [J]. European Journal of Operational Research, 1999, 119 (2): 235 –253.

[8] Eric C Wang. R&D efficiency and economic performance: A cross-country analysis using the stochastic frontier approach [J]. Journal of Policy Modeling, 2007, 29 (2): 345 –360.

[9] Eric C Wang, Weichao Huang. Relative efficiency of R&D activities: A cross country study accounting for environmental factors in the DEA approach [J]. Research Policy, 2007 (2): 260 –273.

[10] Chen Chin-Tai, Chen-Fu Chien, Ming-Han Lin, et al. Using DEA to evaluate R&D performance of the computers and peripherals firms in Taiwan

［J］．International Journal of Business，2004，9（4）：1083 – 4346．

［11］ A Zhang，Y Zhang，R Zhao. A study of the R&D efficiency and productivity of Chinese firms ［J］．Journal of Comparative Economics，2003，31（3）：444 – 464．

［12］ B A Billings，A Yaprak. Inventive efficiency：How the U. S. compares with Japan ［J］．R&D Management，1995，25（4）：365 – 376．

［13］ Wang Jiann-Chyun，Kuen-Hung Tsai. Productivity growth and R&D expenditure in Taiwan's manufacturing firms ［J］．National Bureau of Economic Research，2004：277 – 296．

［14］ 张叶峰，王文寅. 我国 R&D 投入与经济增长间关系的实证分析 ［J］．技术经济，2011（7）：55 – 58．

［15］ 王海峰，罗亚飞，范小阳. 基于超效率 DEA 和 Malmquist 指数的研发效率创新评价国际比较 ［J］．科学学与科学技术管理，2010（4）：42 – 49．

［16］ 欧阳峣，陈琦. "金砖国家" 创新体系的技术效率与单因素效率评价 ［J］．数量经济技术经济研究，2014（5）：71 – 84．

［17］ 崔维军，王进山，陈凤，等. 中国与发达国家企业研发投入的国际比较：基于研发投入 50 强的实证分析 ［J］．科学学与科学技术管理，2015，36（8）：128 – 139．

［18］ 郑山水. 研发效率的测算及其影响因素的实证研究：基于 1995—2009 年高技术产业数据 ［J］．科技管理研究，2012（15）：91 – 95．

［19］ 谢子远. 高技术产业区域集聚能提高研发效率吗：基于医药制造业的实证研究 ［J］．科学学研究，2015，33（2）：215 – 224．

［20］ 张鸿，汪玉磊. 陕西省高技术产业技术创新效率及影响因素分析 ［J］．经济学研究，2016，45（5）：118 – 126．

［21］ 谢有才，张红辉. 区域科技投入产出效率的 DEA 视窗分析 ［J］．研究与发展管理，2007，19（3）：85 – 92．

［22］ 岳书敬. 中国区域研发效率差异及其影响因素：基于省级区域面板数据的经验研究 ［J］．科研管理，2008（5）：173 – 179．

［23］ 刘和东. 中国区域研发效率及其影响因素研究：基于随机前沿函数的实证分析 ［J］．科学学研究，2011（4）：548 – 556．

［24］ 张明火，何郁冰. 我国地方 R&D 活动效率比较研究 ［J］．科技进步与对策，2014，31（2）：25 – 29．

［25］王文寅，刘砚馨．我国规模以上工业企业研发效率评价研究［J］．会计之友，2017（8）：100－103.

［26］王文寅，张叶峰．科技、资本、劳动的贡献率比较：基于中国改革开放30年数据［J］．太原理工大学学报：社会科学版，2012（12）：5－8.

［27］武跃丽，张克勇，王文寅．职业满意度对科技创新能力的影响［J］．中国流通经济，2013（7）：107－111.

［28］山西省科技厅．科技统计培训资料汇编［EB/OL］．（2015－11－05）http://www.sxinfo.gov.cn/u/cms/www/201512/28110324zcal.pdf.

［29］编委会．企业科技创新管理［M］．上海：上海科学技术出版社，2009.

［30］周睿全．产业集群公共服务平台建设研究［D］．武汉：武汉大学，2010.

［31］刘洋，张尽超，王文寅．产业新城创新驱动的对策研究［J］．新经济，2016（6）：51－52.

［32］王文寅，梁晓霞．创新驱动能力影响因素实证研究：以山西省为例［J］．科技进步与对策，2016（3）：43－49.

［33］杜俊慧，王文寅，苏贵影．基于主成分分析的山西高校科技创新能力评价［J］．经济问题，2013（7）：111－114.

［34］王文寅，刘娇娇．科技创新能力对新型城镇化水平的影响：以山西省为例［J］．经济问题，2016（11）：121－123.

［35］周璇，孙慧，王文寅．山西环境质量对经济增长的影响实证［J］．中国经贸导刊，2012（8）：44－45.

［36］刘砚馨．山西省研发效率评价研究［D］．太原：中北大学，2017.

［37］课题组．2014山西企业100强发展报告［EB/OL］．（2014－11－06）http://www.sxqilian.com/view.asp?id=3857.

［38］牛芳，王文寅，张克勇．我国A股上市公司投资价值分析［J］．经济问题，2014（6）：98－100.

［39］成刚．数据包络分析方法与MaxDEA软件［M］．北京：知识产权出版社，2014：5.

［40］赵树宽，于海晴，巩顺龙．基于DEA方法的吉林省高技术企业创新效率研究［J］．科研管理，2013，34（2）：36－43.

［41］梁瑞敏．山西省产学研结合科技创新绩效评价研究［D］．太原：中北

大学，2015.

[42] 王文寅. 中美扶持政产学创新联盟政策比较 [J]. 科技进步与对策，2012（11）：123 – 126.

[43] 李志伟，董鹏丽. 2016 年山西蓝皮书 [R]，北京：社会科学文献出版社，2016.

[44] 李作学，王永乐. 研发管理 [M]. 北京：中国工信出版集团，2016.

[45] 长城企业战略研究所. 互联网＋研发是新经济下研发组织的重要创新 [J]. 新材料产业，2016（8）：64 – 67.

[46] 王文寅. 科技内需初论 [J]. 生产力研究，2011（6）：90 – 91.

[47] 王文寅. 契约、信息与科技信用 [J]. 中北大学学报：社会科学版，2014（5）：65 – 68.

[48] 王文寅. 科技信用风险管理研究框架 [J]. 科技进步与对策，2011（10）：17 – 20.

[49] 王文寅，菅宇环. 社会网络、资源整合及技术创新的关系 [J]. 经济问题，2013（11）：39 – 43.

后　记

　　本书是山西省高等学校哲学社会科学研究项目资助课题——《山西省企业主导产业技术研发创新的公共服务平台构建研究（编号：2015329）》的最终研究成果，笔者在此对山西省教育厅和科学技术文献出版社表示衷心的感谢！

　　研究生刘砚馨参加了课题研究及本书编写，研究生梁瑞敏撰写了第六章，感谢两位同学及课题组成员的辛苦劳动。

　　由于笔者水平有限，书中难免存在疏漏不当之处，希望读者不吝赐教。

王文寅　杨风

2017 年 10 月